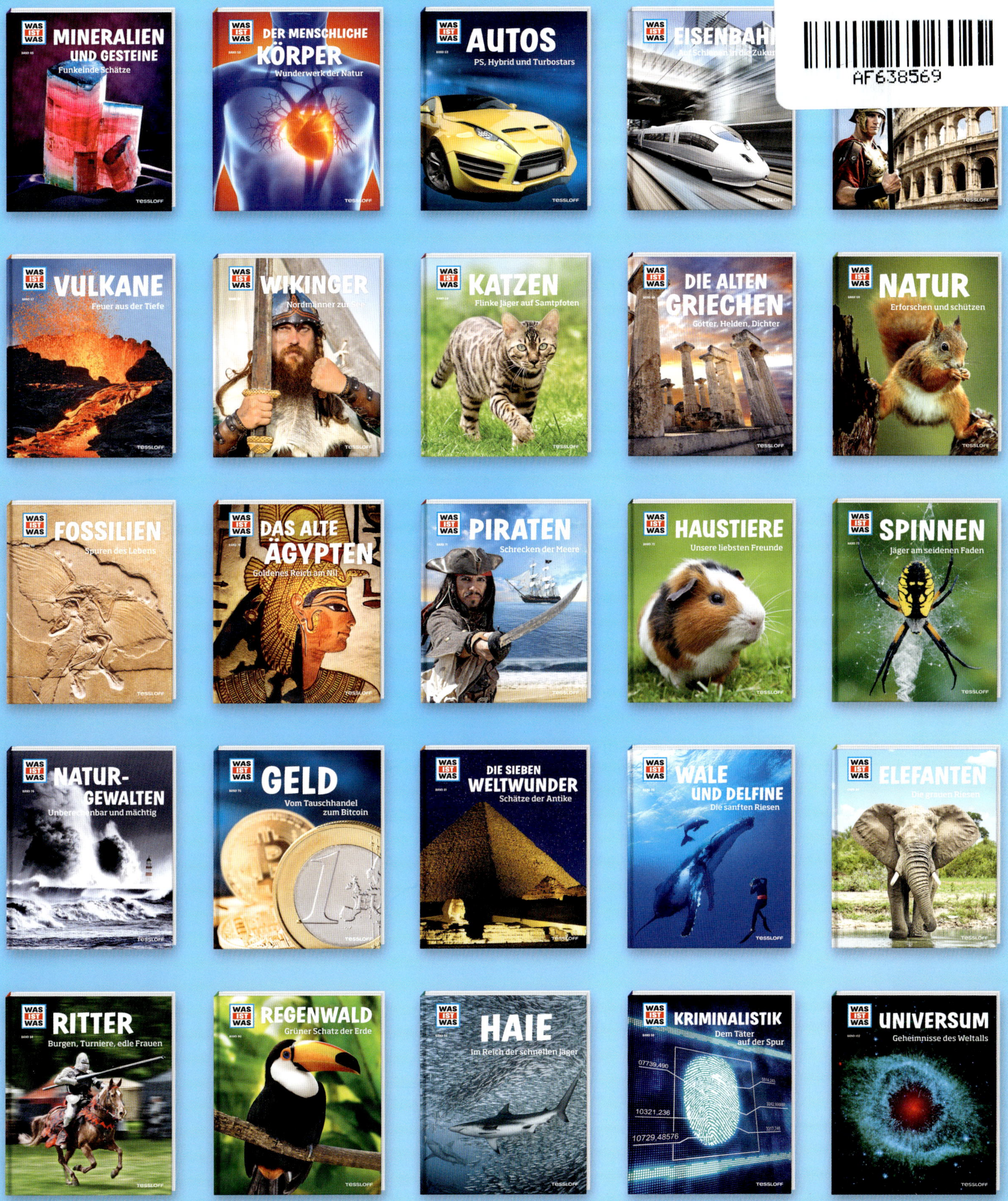
WAS IST WAS MINERALIEN UND GESTEINE Funkelnde Schätze
WAS IST WAS DER MENSCHLICHE KÖRPER Wunderwerk der Natur
WAS IST WAS AUTOS PS, Hybrid und Turbostars
WAS IST WAS EISENBAHN
WAS IST WAS VULKANE Feuer aus der Tiefe
WAS IST WAS WIKINGER
WAS IST WAS KATZEN Flinke Jäger auf Samtpfoten
WAS IST WAS DIE ALTEN GRIECHEN Götter, Helden, Dichter
WAS IST WAS NATUR Erforschen und schützen
WAS IST WAS FOSSILIEN Spuren des Lebens
WAS IST WAS DAS ALTE ÄGYPTEN Goldenes Reich am Nil
WAS IST WAS PIRATEN Schrecken der Meere
WAS IST WAS HAUSTIERE Unsere liebsten Freunde
WAS IST WAS SPINNEN Jäger am seidenen Faden
WAS IST WAS NATUR-GEWALTEN
WAS IST WAS GELD Vom Tauschhandel zum Bitcoin
WAS IST WAS DIE SIEBEN WELTWUNDER Schätze der Antike
WAS IST WAS WALE UND DELFINE Die sanften Riesen
WAS IST WAS ELEFANTEN Die grauen Riesen
WAS IST WAS RITTER Burgen, Turniere, edle Frauen
WAS IST WAS REGENWALD Grüner Schatz der Erde
WAS IST WAS HAIE Im Reich der schnellen Jäger
WAS IST WAS KRIMINALISTIK Dem Täter auf der Spur
WAS IST WAS UNIVERSUM Geheimnisse des Weltalls
TESSLOFF

Weltwunder unter Wasser

Alexandria, bedeutende Großstadt der Antike, wurde 365 nach Christus von einer Flutwelle zerstört. 1996 tauchten französische Archäologen im Hafenbecken der heutigen Stadt Alexandria. Sie fanden Tausende von Bauteilen und über 2000 antike Skulpturen. Darunter waren Sphinxe, Statuen von Königen und Königinnen sowie eine riesige Figur des Pharao Ptolemäus II. Das Besondere daran: Die zwölf Meter hohe Statue könnte einst den Leuchtturm von Alexandria geziert haben! Dieser gilt als der erste Leuchtturm überhaupt und zählte zu den sieben Weltwundern der Antike.

Berühmte Wracks der Neuzeit

Die »Vasa« wurde für den schwedischen König Gustav II. Adolf gebaut. 1628 kippte das stolze Kriegsschiff auf seiner Jungfernfahrt um und versank im Hafen von Stockholm. Erst 1961 konnte das Wrack gehoben werden. Nach 17 Jahren Trocknung und mehreren Restaurierungen ist es seit 1990 in einem Museum ausgestellt.
Die »Titanic«, das damals größte Schiff der Welt, sank 1912 mit über 1500 Menschen an Bord im Nordatlantik. Bis heute fasziniert ihre Geschichte. 1985 wurde das Wrack der »Titanic« entdeckt; seither wurden daraus über 5500 Objekte geborgen. Eine Hebung des riesigen Schiffs ist jedoch nicht möglich. Seit 2012 steht das Wrack als »Kulturerbe unter Wasser« unter Schutz.

→ Rekord

Über 3 Mio.

gesunkene Schiffe sollen nach Schätzungen weltweit auf dem Grund der Meere, Seen und Flüsse liegen.

Interview mit einem Unterwasserarchäologen

Florian Huber

Er erforscht uralte Siedlungen, U-Boote und Brunnenschächte, Höhlen und Friedhöfe verschiedenster Zeiten – Hauptsache, sie liegen unter Wasser. Florian Huber ist Unterwasserarchäologe mit Leib und Seele.

Was macht einen guten Unterwasserarchäologen aus?

Er muss vor allem auch ein guter Taucher sein. Er sollte seine Ausrüstung im Griff haben und sich gut und sicher im Wasser bewegen können. Er muss aber auch ein guter Archäologe sein und die neuesten Dokumentationstechniken beherrschen, um seine Funde schnell und sauber zeichnen und fotografieren zu können.

Hatten Sie je Angst?

Angst hatte ich zum Glück noch nie. Aber manchmal, wenn es dunkel und kalt ist und ich zum ersten Mal an einer neuen Fundstelle tauche, dann bekomme ich ein leicht mulmiges Gefühl. Das ist dann aber beim zweiten Tauchgang schon wieder weg und ich kann mich voll auf meine Arbeit konzentrieren.

Was ist Ihr persönliches Lieblingsprojekt oder Ihr Lieblingsfund?

Das ist schwer zu sagen. Ich finde Schiffswracks toll. Jedes Wrack erzählt eine spannende Geschichte. Wer hat das Schiff gebaut? Wo kam es her und wo wollte es hin? Was hatte es geladen und warum ist es untergegangen? Aber auch das Tauchen und Arbeiten in Höhlen finde ich super. In Mexiko haben wir Skelette von Riesenfaultieren und von einem Elefanten gefunden. Und außerdem einen Friedhof der alten Maya. Da lagen 126 Skelette im Wasser! Diese Tauchgänge werde ich sicher nie vergessen.

Palmyra: Mehrere bedeutende Gebäude der antiken Stadt wurden im Syrienkrieg 2015–2017 in die Luft gesprengt.

Kulturgut in Gefahr

Jede Ausgrabung ist im Prinzip eine Zerstörung: Die Dinge werden aus der Umgebung gerissen, in der sie oft Tausende von Jahren überdauert haben. Deshalb müssen Archäologen immer genau überlegen, ob sie einen Fund aus dem Boden holen oder ihn nur genau dokumentieren. Oft ist aber auch schnelles Handeln in Form einer Notgrabung gefordert, etwa bei Funden auf Baustellen.

Ein altes Problem

Schon in der Antike gab es Grabplünderer: Im Jahr 1113 vor Christus wurde ein ägyptischer Steinmetz mit seinen Kumpanen vor Gericht gestellt, weil sie Felsgräber beraubt hatten. Die alten Römer nahmen aus eroberten Gebieten mit, was ihnen gefiel: von Münzen bis Obelisken. Seit dem 16. Jahrhundert waren dann immer mehr Menschen an Mitbringseln aus fernen Ländern interessiert. 1970 unterzeichneten zahlreiche Länder einen Vertrag gegen die unkontrollierte Ein- und Ausfuhr von Kulturgut.

Raub und Plünderungen

Weltweit sind Plünderungen und Raubgrabungen ein großes Problem. Illegale Schatzsucher interessieren sich für wertvolle Funde, die sie an reiche Sammler verkaufen können. Durch die eilige Suche nach Gold, Silber und Skulpturen werden viele archäologische Stätten zerstört. Was nicht perfekt erhalten ist, wird achtlos weggeworfen oder vernichtet. So geht gerade in ärmeren Ländern das Wissen über vergangene Zeiten unwiederbringlich verloren.

Krieg und Zerstörung

Schon immer wurde in Kriegen bewusst Kulturgut zerstört. Eroberer wollten einem unterworfenen Volk sein Selbstbewusstsein nehmen, indem sie Zeugnisse seiner Geschichte auslöschten. Ein anderer Beweggrund ist die Religion. In der Geschichte der Menschheit haben Anhänger fast aller Religionen Bauwerke und Bildnisse zerstört, die nicht ihren eigenen Glaubensvorstellungen entsprachen.

Falsch oder echt?

Vor allem seit dem 19. Jahrhundert hat es eine Vielzahl an Fälschungen gegeben: Schmuck, Statuen, Münzen oder Knochen. Manche Fälschungen waren richtig gut gemacht und wurden erst Jahre nach ihrer Auffindung enttarnt. Im Jahr 2000 tauchte in Pakistan eine angeblich 2 600 Jahre alte weibliche Mumie auf. Untersuchungen ergaben Fehler in der Sarkophaginschrift, Anzeichnungen mit Bleistift und seltsame Mumifizierungsmethoden. Die Radiokohlenstoffdatierung bestimmte dann das Todesjahr der mumifizierten Frau: 1996!

2003 wurde die Inschrift des Jakobus-Ossuariums als Fälschung entlarvt. Sie besagt, dass darin Knochen des Bruders von Jesus lägen.

Bamiyan

Die weltweit größten stehenden Buddha-Statuen von Bamiyan in Afghanistan wurden 2001 im Krieg zerstört. Sie waren über 1 500 Jahre alt.

Vorher

Nachher

Archäologie erleben

1

Wikinger Museum Haithabu bei Schleswig

Dort, wo die Wikinger einst Handel trieben, gibt es nachgebaute Wohnhäuser und eine Fülle von Angeboten zum Leben der Nordmänner.

Lust auf mehr Archäologie? Kein Problem: An vielen Orten in Deutschland, Österreich und der Schweiz kannst du faszinierende Objekte bestaunen und erfährst mehr darüber, wie sie gefunden worden sind. Du kannst Häuser früherer Zeiten betreten oder auch alte Handwerkstechniken ausprobieren.

Museen

In vielen archäologischen Museen kannst du dich auf eine Reise durch die Vergangenheit begeben und die Geschichte einzelner Fundstücke erfahren. Im Archäologischen Museum Hamburg etwa darf man anfassen, ausprobieren und mitdenken. Es gibt einen Gletscher, Landschaften aus Geröll und Pfade, die man auch verlassen darf. Auch andere Museen bieten spannende Ausstellungen und Mitmachprojekte – bestimmt auch in deiner Nähe.

Fundstätten

Du willst an einem Ort stehen, an dem Archäologen Zeugnisse der Geschichte aus dem Boden geholt haben? Im Paläon Schöningen sind die ältesten Jagdwaffen der Menschheit an ihrem Fundort zu bestaunen, die 300 000 Jahre alten Schöninger Speere; und in Bilzingsleben in Thüringen steht eine Siedlung des Homo erectus. Ins Leben der alten Römer eintauchen kannst du im Archäologischen Park Xanten oder im Limesmuseum Aalen.

Diese Karte zeigt nur eine kleine Auswahl archäologischer Museen. Es gibt noch viel mehr!

3

Landesmuseum Württemberg in Stuttgart

Tolle Objekte von der Steinzeit bis zu den Römern halten die archäologischen Sammlungen des Landesmuseums Württemberg bereit. Besonders eindrucksvoll sind die Funde aus der Eisenzeit, etwa aus dem Grab des Keltenfürsten von Hochdorf. Auf dem Bild ist sein Schuhschmuck aus Goldblech zu sehen.

2

Museumsinsel Berlin

Schätze über Schätze bewahren das Ägyptische Museum mit Papyrussammlung, das Museum für Vor- und Frühgeschichte, die Antikensammlung sowie das Pergamonmuseum: etwa die berühmte Büste der Nofretete oder das Ischtar-Tor.

Von wegen Mistkäfer! Im alten Ägypten galt der Skarabäus als Glücksbringer.

Glossar

Basis: Unterer Abschluss, also Fuß einer Säule.

Datierung: Altersbestimmung eines Objekts.

Dendrochronologie: Datierungsmethode für Funde aus Holz, die sich darauf stützt, dass Bäume in jedem Jahr einen Wachstumsring bilden. Je nach den klimatischen Bedingungen fallen die Ringe unterschiedlich breit aus.

Fossilien: Versteinerte Überreste von Lebewesen.

Hieroglyphe: Schriftzeichen einer Bilderschrift, das ein ganzes Wort oder einen einzelnen Laut darstellt.

Hochkultur: Menschliche Gesellschaft, die gut organisiert ist, Landwirtschaft betreibt und eine Schrift kennt.

Hort: Schatz, der aus religiösen Gründen vergraben wurde. Er war eine Gabe an die Götter, sollte also nicht wieder ausgegraben werden.

Kapitell: Bezeichnung für den oberen Abschluss, also Kopf einer Säule.

Keilschrift: Schriftsystem, das um 3300 vor Christus in Mesopotamien entwickelt wurde. Die einzelnen, keilförmigen Zeichen wurden mit einem Griffel in weichen Ton gedrückt und dabei waagerecht, senkrecht oder schräg angeordnet.

Klassische Archäologie: Ältester Teilbereich der Archäologie, der sich mit den antiken Kulturen rund um das Mittelmeer beschäftigt, vor allem mit den Griechen, Römern und Etruskern.

Konservierung: Vorgang, bei dem Gegenstände haltbar gemacht und vor äußeren Einflüssen geschützt werden.

Megalith: Riesiger Stein, auch Findling genannt. In der Steinzeit wurden Megalithen zu Gräbern, Tempeln oder Steinkreisen verbaut.

Mesopotamien: Gebiet in Vorderasien, das zwischen den Flüssen Euphrat und Tigris liegt. Dort entwickelte sich eine der wohl ersten Hochkulturen: die der Sumerer.

Mumifizierung: Schutz eines Leichnams vor Verwesung, etwa durch Einbalsamierung, starke Trockenheit oder große Kälte.

Notgrabung: Grabung, die schnell und spontan durchgeführt werden muss, weil wichtige Objekte etwa beim Haus- oder Straßenbau entdeckt wurden.

Paläoanthropologie: Wissenschaft, die sich mit der Entwicklung der frühen Menschen beschäftigt.

Papyrus: Schilfrohr, aus dem im alten Ägypten eine Vorform des Papiers hergestellt wurde. Auch der Beschreibstoff selbst wird Papyrus genannt.

Präparieren: Das Säubern und Herrichten von Fundstücken.

Pyrit: Mineral, das in der Steinzeit in Kombination mit Feuerstein zum Feuermachen diente.

Radiokohlenstoffmethode (C14-Methode): Diese Datierungsmethode beruht auf der Beobachtung, dass alle Lebewesen den Kohlenstoff C14 in sich tragen. Nach dem Tod nimmt der Gehalt an C14 nach einem bestimmten Gesetz ab. So lässt sich das Alter eines Fundes bestimmen.

Raubgrabung: Unerlaubtes Graben nach wertvollen Dingen. Dabei werden meist Fundzusammenhänge zerstört; wichtiges Wissen über die Objekte geht verloren.

Stratigrafie: Horizontal übereinanderliegende Schichten im Boden. Je tiefer die Schicht liegt, desto älter ist sie.

Zikkurat: Bezeichnung für einen meist rechteckigen Tempelturm in Mesopotamien, der mehrere abgestufte Terrassen und große Treppen aufwies. Der eigentliche Tempel befand sich ganz oben.

Bildquellennachweis:
Archiv Tessloff: 2ml, 8ur, 9ur, 15ol, 30-31Hg.; Bayerisches Landesamt für Denkmalpflege: 26mr, 27mr, 27mr , 27ur (BLfD); Bridgeman Images: 41or (Boltin Picture Library); Flickr: 27ul (CC BY 2.0/NTNU Vitenskapsmuseet), 44or (CC BY-SA 2.0/Panegyrics of Granovetter); Getty: 32um (Bettmann/Kontributor), 47ul (Patrick PIEL/Gamma-Rapho); Huber, Florian: 3ur, 45or, 45om; Inklink Firenze: 43ul; Landesamt für Archäologie Sachsen: 27ol (Thomas Witzke); Landesamt für Denkmalpflege und Archäologie Sachsen-Anhalt: 4-5o (Juraj Lipták), 5or (Juraj Lipták), 5ml (Karol Schauer); mauritius images: 8or (Karl F. Schöfmann/imageBROKER), 8o (Robert Fried/Alamy), 19ml (www.BibleLandPictures.com/Alamy), 24o (Art Collection 2/Alamy), 25ul (United Archives), 33mr (Helge Ingstad: United Archives), 34or (iconotec), 35ol (MCLA Collection/Alamy), 44ul (Kunst and Scheidulin/Alamy), 44ur (Kaspars Grinvalds/Alamy); Niess, Dr. Constanze: 37u; picture alliance: 3or, 32mm (Courtesy Everett Collection), 3ml, 14ml, 14mr, 17mr, 17ul, 23ol, 23ul, 29ur, 32ml, 33ul, 40um, 40mr, 40or (akg-images), 4ml (Peter Endig/ZB-Fotoreport), 4um (Peter Endig/dpa-Zentralbild), 5om (Angelika Warmuth/dpa), 6ml (Ring: ZB-Fotoreport/Waltraud Grubitzsch), 9om (Adrian Warren/ardea.com), 9ul (Philipp von Ditfurth/dpa), 10ul (Jonathan Brady/PA Wire URN:23764266), 10ml (Carsten Rehder/dpa), 10or (United Archives/IFTN), 11mr (Chris Ison/PA Wire/empics), 11om (Philippe Cherel), 12um (Hilde Jensen, Universität Tübingen/epa-Bildfunk), 12o (Marijan Murat/dpa), 13ol (Hilde Jensen, Universität Tübingen/dpa-Fotoreport), 13mm (Mammut am Fundort: rm/dpa-Report), 13mm (Mammut-Figur: Juraj Liptak/dpa/lsw), 13mr (Marijan Murat/dpa/lsw), 13ml (Wolfgang Kumm/dpa), 15m (ROBERT PARIGGER/APA/picturedesk.com), 16or (1: Bernd Settnik/dpa), 16or (2: Werner Forman Archive/Heritage Images), 16or (3: Erich Lessing), 16or (4: Erich Lessing/akg-images), 17ol (Marcus Führer/dpa-Bildarchiv), 18ml (Hubert Link/dpa-Report), 19ul (Hanan Isachar), 20or (Jean-Léon Gérôme/CPA Media), 21ul (Keystone Martin Rütschi/dpa-Bildarchiv), 21or (Michael Sohn/Pool/dpa), 21ur (Glasshouse Images), 22ul (United Archives/World History Archive), 23ur (Museum Kalkriese/akg-images), 25um (Andy Rain/EPA), 26um (Florian Monheim/Bildarchiv Monheim), 29mr (CPA Media), 30ur (Werner Forman Archive/Museum für Völkerkunde, Wien/Heritage Images), 30um (Therin-Weise/Arco Images), 30ul (Sergi Reboredo), 31um (Jochen Schlenker/robertharding), 31or (CM Dixon/Heritage Images), 32or (ANE), 33ml (UPI/dpa-Bildarchiv), 33ur (Juergen Sorges/akg), 35ml (Y. Liu/Y. Yang/Max Planck Institut/dpa), 35ur (Zhao Dingzhe/djj/Photoshot), 36ur (Thomas Schulze, ZB-Fotoreport), 36ml (Spiegel_TV/epa-Bildfunk), 37mr (Oliver Berg/dpa), 37ol (Boris Roessler/dpa), 38mr (J. Pfeiffer/Arco Images GmbH), 39or (Udo Bernhart), 41mr (Holger Hollemann/dpa), 41ml (Julie Jacobson/AP Photo), 42ul (Horst Ossinger dpa/lnw), 42um (Bildarchiv Hansmann/Artcolor), 42or (United Archives/World History Archive), 43ur (Werner Forman/akg-images), 44ol (Mary Evans Picture Library/ONSLO), 46um (Bert Praxenthaler/Artcolor), 46ul (Jack Jackson/robertharding), 46ol (Kyodo), 47ur (Eventpress Herrmann), 48or (Werner Forman/akg-images); Shutterstock: 1Hg. (Jaroslav Moravcik), 2or, 6u (ANDREA DELBO), 2mr, 20ol (Andrea Izzotti), 2ul, 28ol (Iryna Savina), 3ul, 43mr (Mats O Andersson), 4-5 (javarman), 4-5Hg. (Dudarev Mikhail), 6or (zebra0209), 7or (Jean-Michel Girard), 8-9Hg. (arctic ice), 8ol (Vangelis Vassalakis), 8om (rawf8), 10-11Hg., 22-23Hg., 36-37Hg., 42-43Hg. (Roberaten), 11um (Daumantas Liekis), 12-13Hg. (7th Son Studio), 13or (juat), 15ur (Takashi Images), 18o (Lakeview Images), 19ur (Homo Cosmicos), 20u (Andre Klaassen), 20-21Hg. (Claudia Paulussen), 22ur (bdrone), 23or (bdrone), 24ul (Romas_Photo), 25ur (Alessandro Colle), 25or (Gustavo Frazao), 26ul (Jorg Hackemann), 28ml (Thomas Barrat), 28um (Bildagentur Zoonar GmbH), 28or (Anabela88), 29um (jejim), 29or (Diego Grandi), 29om (Diego Grandi), 30om (Doug Meek), 30ml (Diego Grandi), 31ol (eFesenko), 31mr (China: Anton_Ivanov), 31mr (Kambodscha: Vixit), 32-33 (Zettel: ESB Professional), 32-33Hg. (MaxyM), 32ur (Yerbolat Shadrakhov), 38u (Ralf Siemieniec), 39ol (kornilov007), 42ml (Dario Lo Presti), 43om (Christian Vinces), 44-45Hg. (unterwegs), 47m (pASob); Smirnov, Nikolai: 39ur; Thinkstock: 6ol (Llepod), 6ml (Münze: HansJoachim), 14u (Fuse), 18ul (Dorling Kindersley), 34ol (Dorling Kindersley), 38or (Aksenovko); Thüringisches Landesamt für Denkmalpflege und Archäologie: 41ur (Brigitte Stefan); Wikipedia: 5ur (CC BY-SA 3.0/Holzer Kobler Architekturen), 7mr (Public Domain/Anton von Maron), 7ur (Public Domain/J.V. Gertner), 7ul (Public Domain/Benozzo Gozzoli), 10ol (CC BY 2.0/Nasjonalbiblioteket from Norway/Uploaded by palnatoke), 13ul (CC BY-SA 3.0/Thilo Parg), 14ol (CC BY-SA 3.0/Ch.Pagenkopf), 16mr (CC BY-SA 3.0/jnn95), 16ur (CC-BY-SA 4.0/Aerial video capture), 16m (CC BY-SA 3.0/Wolfgang Sauber), 19or (PD/Daderot), 20ml (CC BY 2.5/Jean-Christophe BENOIST), 22ol (CC BY 2.5/MatthiasKabel), 26or (PD/ http://members.tripod.com/dianapitocco/I%20Mesi.htm), 33mr (Anne-Stine Ingstad: PD/National Geographic Society (U.S.)), 34ul (CC BY-SA 4.0/Zde), 34ml (CC BY-SA 3.0 FR), 35om (CC BY-SA 3.0/Bullenwächter), 46ml (Jakobus-Ossuar: PD/Paradiso), 46ml (Detail: PD/Paradiso), 47om (PD/Frank Baldus (Ökologix))

Umschlagfotos: Shutterstock: U1 (Microgen), U4Hg. (Tijana Dabic)

Burgschmietstraße 2–4, 90419 Nürnberg
qualitaet@tessloff.com
www.tessloff.com

Autorin: Andrea Schaller
Grafik: Simone Först, independent Medien-Design
Lektorat: Lisa Hebler
Bildredaktion: Katja Filler, Susanne Wiechert
Druck: Livonia Print

ISBN 978-3-7886-2106-3

MIX Papier | Fördert gute Waldnutzung FSC® C002795

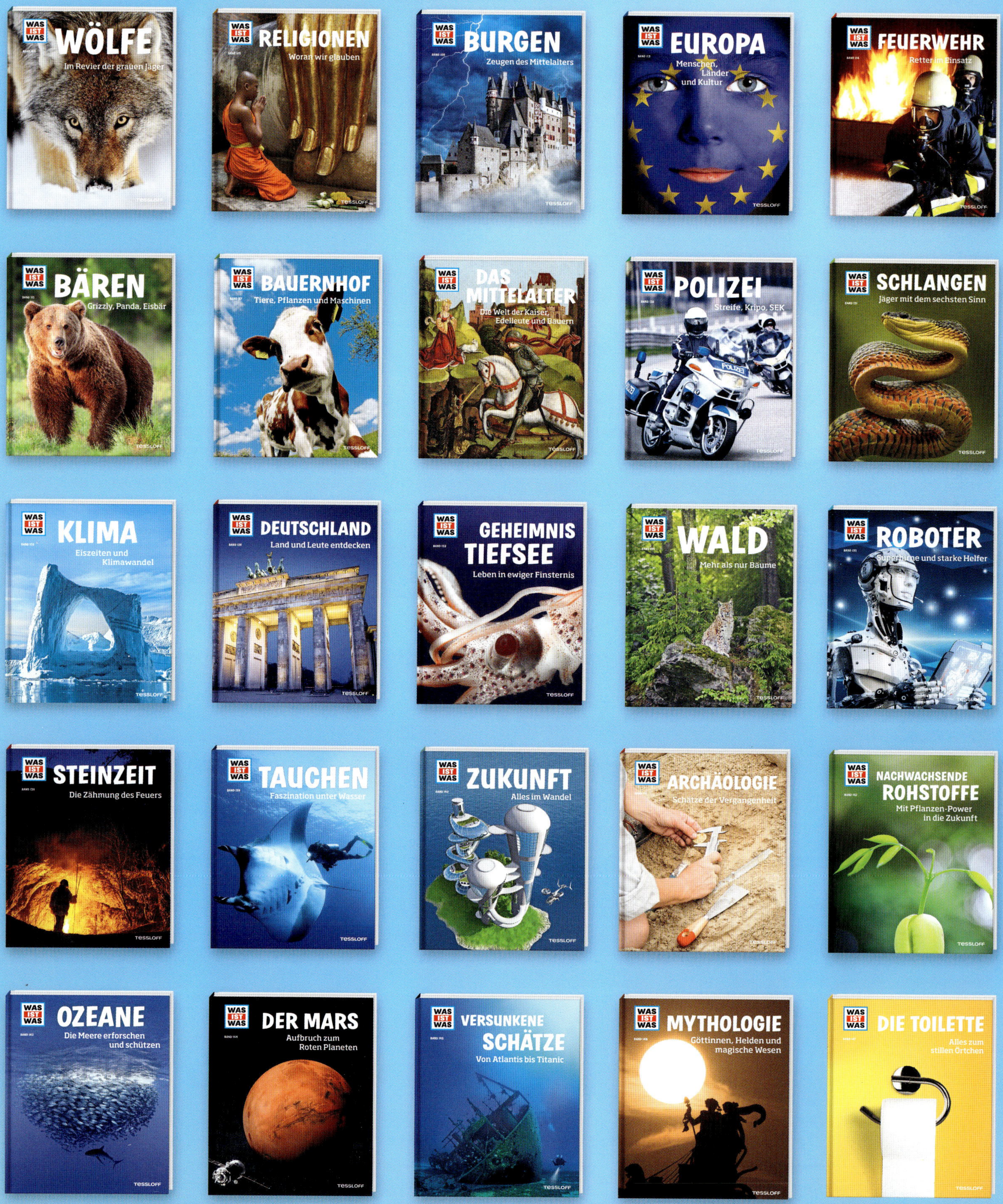

Die Reihe wird fortgesetzt.

WAS IST WAS

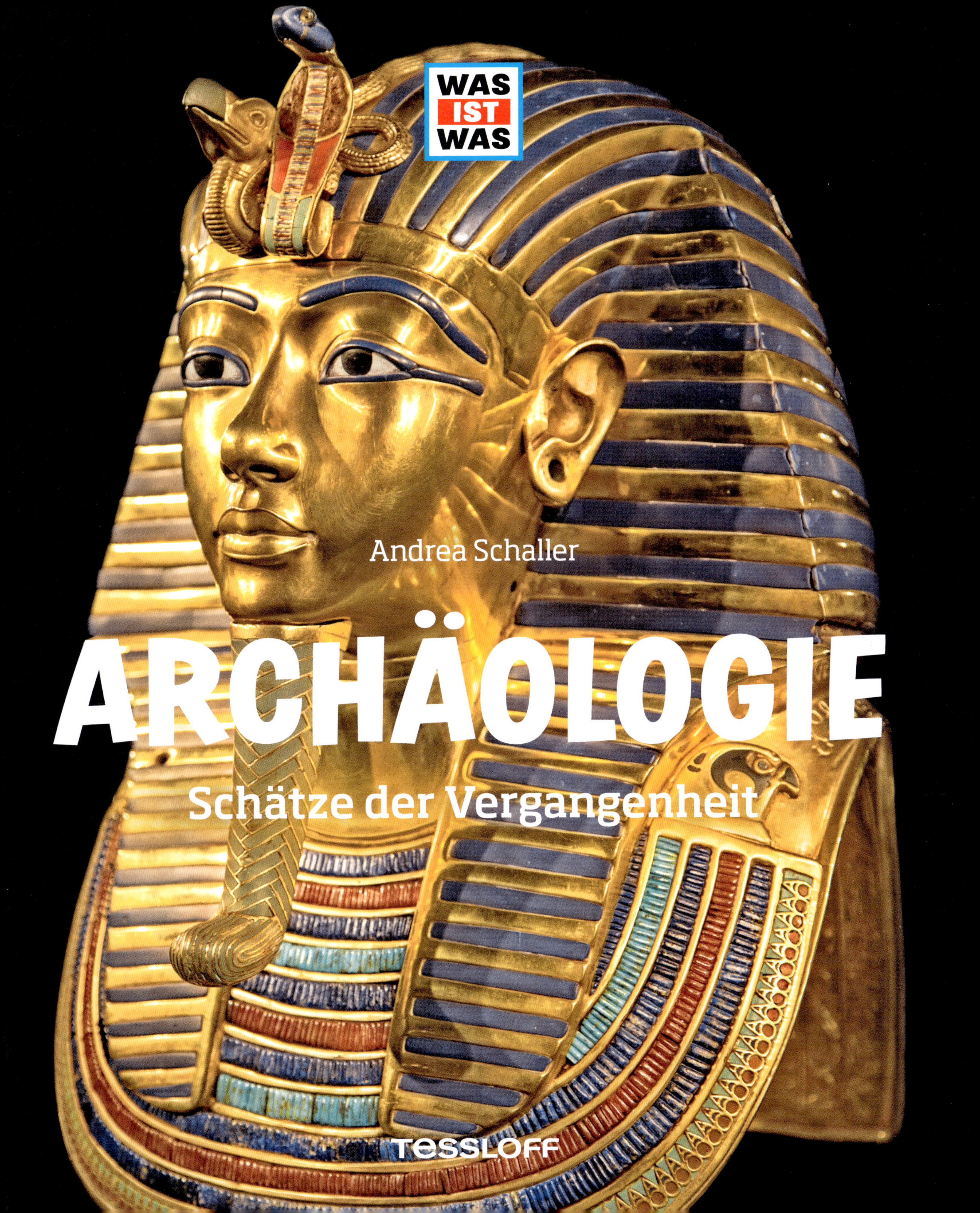

Andrea Schaller

ARCHÄOLOGIE

Schätze der Vergangenheit

TESSLOFF

Hier siehst du, wo du bist!

Wo ist was?

Seite 6

Frühe Archäologen interessierten sich vor allem für die Antike mit ihren Tempeln und Schriften.

Seite 9

Erfahre, warum Archäologen nicht einfach Löcher schaufeln und was es mit den verschiedenen Erdschichten auf sich hat.

4 Was ist Archäologie?

Seite 20

Wusstest du, dass die alten Ägypter auch Katzen mumifizierten?

Seite 28

Machu Picchu: Die spektakulär gelegene Stadt in Peru zeugt vom Reichtum der Inka.

14 Epochen und Kulturen

Die mit ▶ markierten Seiten könnten dich besonders interessieren!

Seite 32

Howard Carter öffnet den Sarg des Tutanchamun: Von einer solchen Entdeckung träumt wohl jeder Archäologe!

Seite 40

Ganz aus Gold und unglaublich wertvoll ist dieses Trinkgefäß mit Hirschkopf – ein wahrer Schatz!

Seite 43

Auf Runensteinen ist die Schrift der Wikinger überliefert.

Seite 45

Sei dabei, wenn Archäologen für die Wissenschaft abtauchen!

Hier findest du die wichtigsten Begriffe kurz erklärt.

Eine Sternstunde der Archäologie

Unter anderem zeigt die Scheibe 32 Sterne, eine Mondsichel und die Sonne – oder den Vollmond.

Nebra (Sachsen-Anhalt), Sommer 1999

Zwei Männer sind mit einem Metallsuchgerät unterwegs. Auf dem Mittelberg bei Nebra hoffen sie, alte Gegenstände zu finden, etwa Waffen. Natürlich wissen die Männer, dass das verboten ist. Sie haben nur wenig Werkzeug dabei, um nicht aufzufallen. Als das Suchgerät ausschlägt, stoßen die Raubgräber dicht unter dem Waldboden auf eine braune Metallscheibe. Sie holen sie mit einem Hammer aus der Erde und legen sie beiseite – offenbar ein rostiger Eimerdeckel? Ganz in der Nähe finden die Männer zwei Schwerter, zwei Beile, einen Meißel und Teile von spiralförmigen Armreifen. Wenige Tage später verkaufen sie ihre Funde – auch den alten Deckel – für 31 000 D-Mark an einen Händler.

Der Mittelberg bei Nebra: Den Fundort der Scheibe haben Archäologen gründlich untersucht.

Rheinland, Wochen später

Der Händler hat die rostige Scheibe mit Stahlwolle gereinigt und dabei arg zerkratzt. Immerhin sind jetzt die prächtigen Verzierungen aus Gold sichtbar. Nun bietet er das Objekt zwei deutschen Museen zum Kauf an. Als der Handel nicht gelingt, verkauft er es auf dem Schwarzmarkt illegal an einen Sammler. Danach wechselt die Scheibe mehrmals den Besitzer. 2001 gelangt sie für über 200 000 D-Mark an einen Hehler, also jemanden, der verbotenerweise mit Dingen handelt, bei denen nicht klar ist, wem sie eigentlich gehören.

Schon gewusst?

Archäologische Fundstücke darf man nicht einfach behalten. In den meisten Fällen gehören sie automatisch dem Bundesland, in dem sie gefunden wurden. Deshalb ist es verboten, solche Objekte zu verkaufen. Und Museen dürfen sie nicht einfach ankaufen.

Halle an der Saale, Mai 2001

Harald Meller, dem Landesarchäologen von Sachsen-Anhalt und Direktor des Landesmuseums für Vorgeschichte in Halle, werden unscharfe Fotos der Metallscheibe vorgelegt – mit dem Hinweis, dass das Objekt aus Sachsen-Anhalt stammt. Ein Hehler versucht, es für 700 000 D-Mark auf dem Schwarzmarkt zu verkaufen. Noch weiß niemand so genau, was das eigentlich für eine Scheibe ist. Aber Wissenschaftler und Behörden beschließen, den Fund in das Bundesland zurückzuholen, dem er rechtmäßig gehört. Die Polizei nimmt Ermittlungen auf.

Die Himmelsscheibe war aufrecht stehend vergraben worden. Das zeigt ein Nachbau im Museum in Halle.

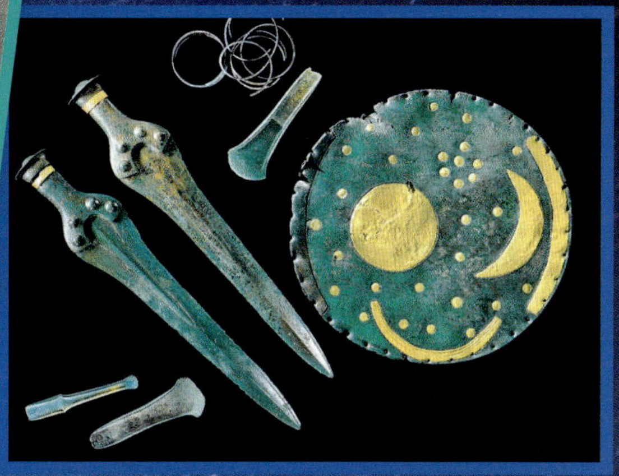

Zwei Schwerter, zwei Beile, ein Meißel und Reste von zwei Armspiralen wurden mit der Scheibe gefunden.

Alter: mindestens 3600 Jahre
Durchmesser: 32 Zentimeter
Gewicht: 2,3 Kilogramm
Material: Bronze und Gold
Wert: geschätzt 100 Millionen Euro
Besonderheit: weltweit älteste Darstellung des Himmels

Basel (Schweiz), Februar 2002

Wie im Krimi: In einem Baseler Hotel treffen sich die illegalen Kunsthändler mit Harald Meller, der sich als Privatkäufer ausgibt. Die Schweizer Polizei kann die Hehler verhaften und die Himmelsscheibe sicherstellen. Auch die Beifunde werden beschlagnahmt. Wenig später können auch die beiden Raubgräber verhaftet werden.

So haben sich die Schöpfer der Scheibe vermutlich die Erde und das Himmelsgewölbe vorgestellt.

Halle an der Saale und Berlin, 2002–2007

Die Scheibe und ihre Beifunde werden gründlich untersucht und restauriert. Archäologen wollen wissen: Sind sie überhaupt echt? Falls ja, aus welcher Zeit stammen sie? Sie vergleichen die Stücke mit anderen Funden und stellen fest: Die Schwerter, die Beile und der Meißel sind typisch für die späte Bronzezeit um 1600 vor Christus. Aber was ist mit der Scheibe? Zu ihr gibt es kein Vergleichsstück. Sie ist einzigartig!

Halle an der Saale, ab 2004

Wissenschaftler wenden modernste Technik an, um dem Material und der Herstellungstechnik der Scheibe auf die Spur zu kommen. Restauratoren bessern Beschädigungen aus. Astronomen deuten das, was auf der Scheibe dargestellt ist: Sie zeigt das älteste Bild des Himmels, das weltweit bekannt ist! Nun kann die Himmelsscheibe der Öffentlichkeit präsentiert werden. Sie ist eine Sensation!

Nahe dem Fundort der Himmelsscheibe informiert ein hochmodernes Museum über Entstehung und Entdeckung des Jahrhundertfundes. Die Scheibe selbst ist im Landesmuseum für Vorgeschichte in Halle zu sehen.

Anfänge der Archäologie

Fundstücke
Ein Gefäß aus Keramik, eine römische Kupfermünze oder der Silberring von Paußnitz: jedes Stück ein Schatz!

Archäologie – dieser Begriff bedeutet wörtlich »Lehre von den alten Dingen« oder »Wissenschaft von den Anfängen«. Damit ist gemeint, dass die Archäologie sich mit dem Beginn menschlicher Kulturen beschäftigt, mit verschiedenen Abschnitten der menschlichen Geschichte. Es geht darum, aus Überbleibseln etwas über das Leben der Menschen vergangener Zeiten zu erfahren. Dafür untersuchen Archäologen Dinge, die von Menschen früherer Zeiten hinterlassen worden sind.

Vom Korn bis zum Tempel

Alles kann für Archäologen interessant sein: ein Knochen ebenso wie eine Statue, ein Wassergraben genauso wie ein Tempel. Die Schönheit der Dinge ist zweitrangig; wichtig ist, was sie uns über die Vergangenheit erzählen können. Zur Archäologie gehören neben Bauwerken jeder Art auch Gräber, Skulpturen, Malerei und Schmuck.

Zudem werden Geld, Waffen und Werkzeug untersucht; genauso aber auch Scherben von Geschirr, Fäden von Stoffen oder Spuren von Nahrung, etwa Getreidekörner.
Erst spät kommen Schriftstücke hinzu – 99 Prozent ihrer bisherigen Existenz haben die Menschen ohne Schrift verbracht.

Die Laokoon-Gruppe
Im Jahr 1506 wurde auf einem römischen Weinberg eine der berühmtesten Skulpturen der Antike gefunden: die Darstellung des Priesters Laokoon und seiner beiden Söhne, die gegen zwei riesige Schlangen kämpfen. Die Marmorskulptur löste eine europaweite Antikenbegeisterung aus, die jahrhundertelang anhielt.

Concordiatempel
Dieser griechische Tempel in Agrigent auf Sizilien ist hervorragend erhalten. Seit dem 18. Jahrhundert wird er von Gelehrten bestaunt und erforscht.

Die ersten Archäologen

Menschen, die alte Dinge interessant finden, hat es wohl zu allen Zeiten gegeben. Seit dem 15. Jahrhundert aber wurden es immer mehr: Cyriacus von Ancona, ein italienischer Kaufmann, bereiste ab 1412 Griechenland und die heutige Türkei. Dort fertigte er Zeichnungen von antiken Stätten an und schrieb Inschriften ab. Andere Zeitgenossen lasen die Schriften der antiken Schriftsteller wie Homer oder Herodot. Sie begeisterten sich für antike Statuen und Architektur und sammelten alte Münzen. Im 16. Jahrhundert entstanden die ersten Verzeichnisse von Altertümern, also von alten Dingen. Im 17. und 18. Jahrhundert erforschten dann Gelehrte in ganz Europa die Zeugnisse der Vergangenheit. Johann Joachim Winckelmann etwa beschrieb die Werke der klassischen Antike. Je nach Land wurden auch Bauten der Steinzeit aus Riesensteinen interessant, genau wie römische Reste oder Funde aus dem Mittelalter.

Stein, Bronze, Eisen

Im 19. Jahrhundert entstanden in ganz Europa Museen, in denen interessierte Besucher archäologische Funde der Frühzeit bestaunen konnten. Aber wie sollte man sie sinnvoll ordnen? Der dänische Gelehrte Christian Jürgensen Thomsen hatte die zündende Idee. Er teilte die Ausstellungsstücke in drei Gruppen ein: in Funde aus Stein, aus Bronze und aus Eisen. Dieses sogenannte Dreiperiodensystem setzte sich dann überall als Einteilung durch. Nach ihm wurden die Steinzeit, die Bronzezeit und die Eisenzeit benannt.

Cyriacus von Ancona auf einem Wandbild des Dreikönigszuges in Florenz. Er gilt als Begründer der Inschriftenforschung.

Angeberwissen

- Nicht zur Archäologie gehört die Erforschung der Dinosaurier. Diese Urzeitriesen waren längst ausgestorben, bevor es die ersten Menschen gab.
- Auch Fossilien aus vormenschlichen Zeiten werden nicht von Archäologen untersucht, sondern von Paläontologen.
- Der Unterschied zwischen Archäologen und Historikern: Historiker untersuchen meist nur Kulturen, in denen es Schrift gab. Ihr Untersuchungsgebiet beginnt daher erst ca. 3300 vor Christus.

Archäologie als Wissenschaft

Auf der ganzen Welt gibt es Zeugnisse der Vergangenheit zu entdecken, verschiedenste Dinge aus sehr unterschiedlichen Zeiten. Für manche Kulturen gibt es schriftliche Überlieferungen, für andere nicht. Um da den Überblick zu behalten, spezialisieren sich Archäologen auf einzelne Fachrichtungen. Manche von ihnen konzentrieren sich auf eine bestimmte Zeitspanne, etwa im Rahmen der Klassischen Archäologie, die sich mit den alten Griechen, Römern und Etruskern beschäftigt, oder der Archäologie des Mittelalters und der Neuzeit. Andere Fächer behandeln ein räumliches Gebiet: So unterscheidet man zum Beispiel die Vorderasiatische Archäologie oder die Archäologie der Neuen Welt, deren Spezialisten die alten Gesellschaften in Nord-, Mittel- und Südamerika untersuchen.

Begründer der wissenschaftlichen Archäologie: Johann J. Winckelmann.

Der dänische Archäologe Christian Jürgensen Thomsen erfand das Dreiperiodensystem.

Handwerkszeug

Auf keiner Ausgrabung dürfen fehlen: robuste Archäologenkellen **(1)**, *häufig spitz geformt, zum Freilegen der Objekte. Für behutsamere Arbeiten gibt es Pinsel verschiedener Stärke* **(2)**. *Wichtig sind zudem sorgfältige Pläne* **(3)**, *um die Fundsituation zu dokumentieren.*

Methoden und Werkzeuge

Archäologen beschäftigen sich viel mit materiellen Dingen, also mit Dingen zum Anfassen. Die stecken oft im Boden. Daher gelten Spaten, Kelle und Pinsel meist als wichtigste Werkzeuge der Wissenschaftler. Doch Archäologen sind keine reinen Ausgräber! Ein wichtiger Teil ihrer Forschung findet am Schreibtisch oder in den archäologischen Sammlungen statt. Und wo es sich zu graben lohnt, muss man auch erst einmal herausfinden!

Auf der Suche

Um Gebäude oder Gegenstände im Boden aufzuspüren, gehen Archäologen Gelände ab, die ihnen vielversprechend erscheinen.

Unglaublich!

Schätzungen zufolge arbeiten gewissenhafte Archäologen 500 Mal so aufwendig wie die Spurensicherung der Polizei! Damit sind sie wahre Meister in Geduld und Genauigkeit.

Alte Mauern entdecken sie unter anderem mithilfe von Georadargeräten. Die senden Radioimpulse aus und zeichnen auf, welche Impulse sie zurückerhalten – so entsteht ein Bild davon, was sich im Umkreis des Radars befindet. Mit magnetischen Methoden wiederum lassen sich Dinge aus Eisen sowie aus gebranntem Lehm aufspüren. Um nicht immer gleich graben zu müssen, können sogenannte Sondierungen vorgenommen werden. Dazu werden kleine Bohrer in die Erde geführt und Bodenproben entnommen.

Entdecken aus der Luft

Zum Auffinden von Mauern oder Gräbern werden heute auch Luftbildfotografien eingesetzt, also Fotos, die von einem Flugzeug aus gemacht wurden. Auf ihnen erkennt man kleine Erhöhungen oder Verfärbungen im Boden. Gras und Getreide haben außerdem oft eine andere Farbe, wenn sie über

Sieht so etwa ein typischer Archäologe aus?

einer alten Mauer wachsen. Hinzu kommen neuerdings Satellitenfotos aus dem All: Mit ihrer Hilfe können alte Wege und größere Siedlungen der Vergangenheit entdeckt werden – in Kombination mit einem Radargerät bis zu fünf Meter unter der Erde! Das Globale Positionsbestimmungssystem GPS hilft Archäologen dabei, Karten von Fundstätten anzufertigen.

Plan und Zufall

Im Idealfall werden Ausgrabungen sorgfältig und systematisch geplant. Oft geschieht es aber zufällig, dass Zeugnisse der Vergangenheit entdeckt werden. So waren es Bauern, die die heute weltberühmte Terrakotta-Armee eines chinesischen Kaisers fanden. Auch spielende Kinder machten bereits Entdeckungen, etwa die Höhlenmalereien von Altamira. Manchmal sind es auch Arbeiter, die beim Straßenbau oder beim Verlegen von Leitungen auf interessante Dinge stoßen.

Wichtige Schichten

Bei einer wissenschaftlichen Ausgrabung wird nicht einfach ein Loch geschaufelt. Man muss den Boden vorsichtig abtragen und genau hinsehen: Wie viele verschiedene Erdschichten lassen sich erkennen? Welche Dinge liegen gemeinsam in derselben Schicht? Was befindet sich in der obersten Schicht, was darunter und was wiederum darunter? Je weiter man in die Tiefe geht, desto älter sind die Erdschichten und das, was darin verborgen ist. Jede Schicht muss genau beschrieben und durch Zeichnungen und Fotos dokumentiert werden. Das nennt man Schichtenkunde oder Stratigrafie.

Mithilfe eines CTs kann man ins Innere von Mumien blicken, ohne sie öffnen zu müssen.

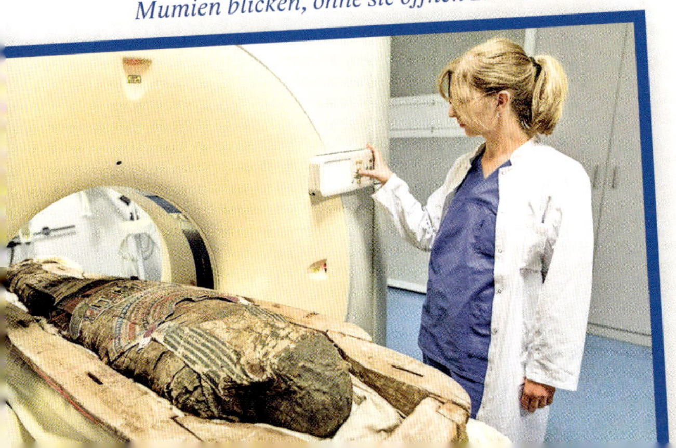

Aus der Luft gut erkennbar: Diese schottische Wallburg aus der Eisenzeit ist über 100 Meter lang. Ihre ringförmig angelegten Schutzwälle zeichnen sich deutlich ab.

Untersuchen und einordnen

Gefundene Objekte werden im Museum oder in einem Speziallabor gründlich gereinigt und untersucht. Dabei geht es um die Fragen: Wie alt ist der Fund? Wozu diente er? Woher stammt er? Bei der Altersbestimmung helfen oft die Radiokohlenstoffmethode oder bei Funden aus Holz die Jahresringdatierung (Dendrochronologie). Vieles können Archäologen zudem durch die Stratigrafie und Vergleiche mit anderen Stücken herausbekommen. Sie wollen aber nicht nur wissen, wie es in der Vergangenheit gewesen ist, sondern fragen auch nach den Gründen dafür und überlegen, warum sich Dinge verändert haben. Von den Fragen, die man an ein Fundstück stellt, hängt es ab, was dann im Labor untersucht wird.

Modernste Technik

Mikroskope, computertechnische und chemische Verfahren werden immer genauer. Die archäologische Forschung nutzt inzwischen verstärkt Techniken, die aus der Medizin stammen: Objekte werden geröntgt oder mithilfe der Computertomografie (CT) durchleuchtet. Bei menschlichen Funden, wie zum Beispiel Skeletten, wird auch die DNA im Labor analysiert. So konnte etwa herausgefunden werden, dass der berühmte Steinzeitmann Ötzi keine Milch vertrug.

Angeberwissen

- Gegenstände aus Stein, Gold, Silber, Blei und gebranntem Ton sind in jedem Boden lange haltbar.
- Bronze, Kupfer und Eisen verändern sich hingegen in den meisten Böden.
- Knochen sind gut haltbar, aber in sauren Böden werden sie zersetzt.
- Seile und Stoffe sowie Objekte aus Holz, Leder oder Fell zerfallen schnell. Sie bleiben nur bei starker Trockenheit, extremer Feuchtigkeit oder starkem Frost erhalten.

In der Stratigrafie gilt: je weiter unten, desto älter. Was in einer Schicht liegt, ist etwa gleich alt. Deshalb trägt man immer Schicht für Schicht ab.

Mehr Floß als Boot: Auf der »Kon-Tiki« legten sechs Menschen in drei Monaten knapp 8 000 Kilometer von Peru nach Polynesien zurück.

Thor Heyerdahl und seine Leute ernährten sich von Kokosnüssen, Süßkartoffeln und viel Fisch – nicht immer ungefährlich!

Experiment Vergangenheit

Archäologe Chris Pallasch im Hütteneingang. In solch engen Behausungen haben die Menschen jedoch nicht gewohnt.

In der Archäologie wird nicht nur gegraben und untersucht, es wird auch ausprobiert. Denn nur wenn man Gegenstände wirklich benutzt, kann man sagen, wie sie funktionieren. Experimentelle Archäologen bauen Häuser und Schiffe nach, setzen selbst hergestelltes Werkzeug ein und prüfen im praktischen Umgang, was man mit bestimmten Dingen machen konnte – und was nicht. Dabei wird nicht nur experimentiert, sondern auch genau gemessen, gerechnet und dokumentiert.

Der Erste: Thor Heyerdahl

Der norwegische Forscher Thor Heyerdahl gilt als Vater der experimentellen Archäologie. Er interessierte sich dafür, wie Inseln, die weitab von den Kontinenten im Meer liegen, überhaupt von frühen Menschen besiedelt werden konnten. 1947 wies er mit seiner berühmten »Kon-Tiki«-Expedition nach, dass es möglich ist, mit einfachen Flößen oder Holzbooten von Südamerika bis zur Inselgruppe Polynesien im Pazifik zu gelangen. Später bauten Forscher auch Wikingerschiffe nach und segelten damit etwa von Dänemark nach Irland.

Archäotechnik

Archäotechniker interessieren sich vor allem für alte Arbeits- und Handwerkstechniken. Sie fertigen selbst Werkzeug an und setzen es dann ein. In Museen und Archäologieparks präsentieren sie, wie die Menschen zu bestimmten Zeiten Wolle gesponnen oder Metall geschmiedet haben.

Gladiatorenspiele sind nicht nur ein spannendes Spektakel: Sie helfen, die Kultur der alten Römer besser zu verstehen.

Die Zuschauer werden stets mit allen Sinnen mit einbezogen: Sie sollen sehen, riechen, fühlen, hören und manchmal auch schmecken; sie sollen mitfiebern und meist auch mitmachen. Dadurch unterscheidet sich die Archäotechnik von der eher wissenschaftlichen und forschenden Experimentellen Archäologie.

Living History

Es gibt auch Experimente, bei denen alle Beteiligten mehrere Tage lang in Häusern leben, die den Behausungen vergangener Zeiten nachempfunden sind. Sie tragen dann entsprechende Kleidung und ernähren sich möglichst wie damals. Solche Versuche nennt man Living History.

Häuser der Vergangenheit

In der Nähe des Bodensees rekonstruierten Forscher schon im späten 19. Jahrhundert steinzeitliche Pfahlbauten, also Holzhäuser auf Pfählen im Wasser. Auch steinzeitliche Zelte aus Mammutstoßzähnen und Fellen sowie ganze keltische Dörfer wurden schon nachgebaut. In Haithabu stehen Rekonstruktionen von Wikingerhäusern einschließlich der Feuerstelle, der Möbel und der Viehställe. Für den Bau werden möglichst nur Werkzeuge verwendet, die schon die Menschen in der entsprechenden Epoche zur Verfügung hatten. Sogar ganze mittelalterliche Burgen werden auf diese Weise nachgebaut: im französischen Guédelon und im österreichischen Friesach.

Werkzeuge und Waffen

Schon früh fragten sich Forscher, wie es den Steinzeitmenschen möglich war, Tiere zu erlegen, zu zerteilen und zu verarbeiten. Wie genau wurden die dafür nötigen Faustkeile angefertigt und wie wurden sie benutzt? Wie fällten die frühen Menschen mit Steinwerkzeug Bäume? Und wie stellten sie Kleidung her? Bei Versuchen zur Benutzbarkeit früher Waffen, etwa von Speeren oder Pfeil und Bogen, probieren die Wissenschaftler aus, welches Material welche Wirkung erzielt: Wie weit können die Waffen fliegen und welche Stoßkraft haben sie? Auch das seit der Steinzeit übliche Feuermachen mit Pyrit und Feuerstein muss man ausprobieren, um es zu verstehen.

Geniale Entdeckung: Den Feuerstein kräftig gegen den Pyrit schlagen – schon entstehen Funken!

Riesige Steine

Für jeden faszinierend sind die steinzeitlichen Bauten aus Riesensteinen, die ägyptischen Pyramiden und die antiken Tempel. Sie alle wurden zu Zeiten errichtet, in denen es weder Maschinen noch modernes Werkzeug gab. Wie haben die Menschen ferner Zeiten es bloß geschafft, diese Steine zu bearbeiten, zu transportieren und schließlich aufzurichten? Auch dazu gibt es zahlreiche Experimente mit Hilfsmitteln aus Holz, Seilen – und mit vielen Menschen.

Fragen an einen Archäologen

Nicholas J. Conard ist Professor der Ur- und Frühgeschichte an der Universität Tübingen und Wissenschaftlicher Direktor des Urgeschichtlichen Museums Blaubeuren.

Name: Nicholas John Conard
Alter: 56
Beruf: Archäologe

Nicholas John Conard interessiert sich für das Leben der frühen Menschen, die, grob gesagt, vor etwa 10 000 bis 500 000 Jahren lebten. Um mehr darüber zu erfahren, hat er Ausgrabungen in Südafrika, im Iran und in Syrien durchgeführt. Bekannt geworden ist er vor allem für seine Forschungen zu den ältesten Kunstwerken weltweit. Und die wurden in Deutschland gefunden, genauer in Baden-Württemberg, in Höhlen der Schwäbischen Alb: dem Vogelherd, Geißenklösterle, Hohlenstein-Stadel und Hohle Fels.

Wann haben Sie beschlossen, dass Sie Archäologe werden wollen?

Nachdem mir mein Onkel Peter mitgeteilt hat, dass ich nicht in seinem Architekturbüro arbeiten kann. Da sind mir sofort die Forschungsgrabungen eingefallen, an denen ich in meiner Heimat Ohio in den USA teilgenommen habe, seit ich 15 Jahre alt war. Und da habe ich mir gedacht: Archäologie, das interessiert mich!

Was fasziniert Sie an der Archäologie?

Es ist das wunderbarste Thema, das es gibt, weil wir uns mit der Vergangenheit von Menschen beschäftigen. Wir Archäologen können sagen, wie es in der Vergangenheit gewesen ist. Das ist doch toll! Hinzu kommt, dass das Ganze immer auch mit Technik zu tun hat. Das liegt mir sehr.

Welches Wissen aus anderen Bereichen setzen Sie für Ihre Arbeit ein?

Ich habe neben Ur- und Frühgeschichte und Anthropologie auch Chemie, Physik und Geologie studiert. Was ich im naturwissenschaftlichen Bereich gelernt habe, hilft mir sehr bei meinen archäologischen Forschungen. Die Archäologie ist mir wichtiger, aber die verschiedenen Disziplinen ergänzen sich sehr gut.

Was macht einen guten Archäologen aus?

Intelligenz, harte Arbeit und eine gute Einstellung – also Freude an der Arbeit.

Wasservogel aus Elfenbein, 4,7 Zentimeter lang, gefunden im Hohle Fels.

Was ist – für Sie persönlich – Ihre wichtigste Entdeckung?

Der Mini-Löwenmensch vom Hohle Fels. Weil ich den wirklich selbst gefunden, also auch zuerst in der Hand hatte.

Woran arbeiten Sie gerade?

Ich leite die Ausgrabungen in der Sibudu-Höhle in Südafrika. Dort haben vor etwa 80 000 Jahren frühmoderne Menschen gelebt, die bemerkenswerte Dinge hinterlassen haben: Steinwerkzeuge, Reste eines pflanzlichen Klebstoffs, Schutzmittel gegen Insekten – und vor allem sehr frühe Reste von Pfeil und Bogen.

Was Archäologen mitbringen sollten:

- Begeisterung für die Vergangenheit
- breites Wissen
- Lust am Lernen und Nachdenken
- Genauigkeit und Ausdauer
- Talent zum Zeichnen
- Freude am Reisen
- Fremdsprachenkenntnisse
- Fantasie

Schon gewusst?

Zahlreiche Entdeckungen aus der Steinzeit haben klar gemacht: Unsere Vorfahren haben schon sehr früh begonnen, zu malen, Skulpturen zu schnitzen und Musik zu machen. Die ältesten Kunstwerke und Musikinstrumente der Menschheit sind 40 000 Jahre alt!

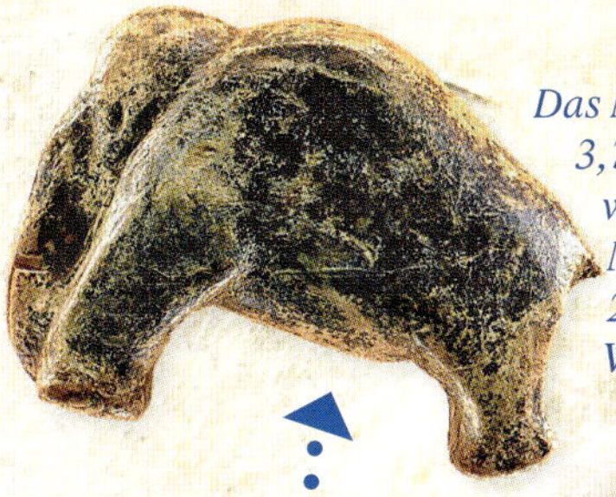

Das Mammut vom Vogelherd ist 3,7 Zentimeter groß und wurde vor etwa 40 000 Jahren aus Mammut-Elfenbein geschnitzt. 2006 wurde es in der Vogelherd-Höhle gefunden.

40 000 Jahre alt und 6 Zentimeter groß: die Venus vom Hohle Fels.

Früheste Musik: Eine 40 000 Jahre alte Flöte aus Elfenbein (vorne) und der Nachbau einer Flöte aus Vogelknochen.

Hohlenstein-Stadel

In dieser Höhle der Schwäbischen Alb wurde der berühmte Löwenmensch gefunden, die 35 000 Jahre alte Figur eines Fabelwesens aus Tier und Mensch. In einer anderen Karsthöhle, dem Hohle Fels, entdeckte Nicholas J. Conard eine ähnliche Skulptur: den Mini-Löwenmenschen.

Zwei riesige, tonnenschwere Steine bedecken das Großsteingrab »Teufelsbackofen« bei Wismar.

Wie alles begann: die Steinzeit

Archäologen, die sich mit der Steinzeit beschäftigen, erforschen die Geschichte der frühen Menschen bis zum Aufkommen von Metall. Damit interessieren sie sich für die riesige Zeitspanne von vor ca. vier Millionen Jahren bis 2200 vor Christus.

Keine Schrift = keine Forschung?

Die Erforschung der Steinzeit hat allerdings viel später begonnen als die der Antike oder des alten Ägypten. Das liegt daran, dass die Archäologen anfangs gar nicht wussten, dass es eine Zeit vor der schriftlich überlieferten Geschichte gegeben hat. Sie konzentrierten sich daher zunächst auf Kulturen, die eine Schrift kannten oder von denen die antiken Schriftsteller berichten. Ältere Völker waren den ersten Archäologen in Europa schlicht nicht bekannt!

Megalithbauten und Faustkeile

Anlagen aus Riesensteinen, genannt Megalithbauten, wie Stonehenge in England oder die sogenannten Hünengräber in Norddeutschland waren immer sichtbar. Aber jahrhundertelang wusste niemand, aus welcher Zeit sie stammen. Die Menschen hielten sie für Werke von Riesen oder Teufeln. Auch mit Faustkeilen wussten die Gelehrten zunächst nichts anzufangen: Bestimmt waren das Werkzeuge von frühen Menschen. Aber wann sollten die bitteschön gelebt haben? Die Kelten und Germanen hatten ja schon Waffen aus Metall!

Von Affen und Menschen

Bis ins 19. Jahrhundert hat man sehr wörtlich genommen, was in der Bibel steht: Dort wird von Adam und Eva erzählt und alle stellten sich vor, dass diese ersten Menschen so ausgesehen haben und sich verhielten wie wir. Als dann immer mehr Knochen von frühen Menschen gefunden wurden, rätselten die Forscher herum: Waren das wirklich Menschen? Gerade die 1856 im Neanderthal bei Düsseldorf gefundenen Knochen erinnerten doch mehr an einen Affen! Durch enge Zusammenarbeit mit

Dicke Schönheit

Die Venus von Willendorf ist über 29 000 Jahre alt und zeigt uns das Schönheitsideal ihrer Zeit.

Faustkeil

Fast schon ein Kunstwerk: farbiger Faustkeil, gefunden in Südafrika.

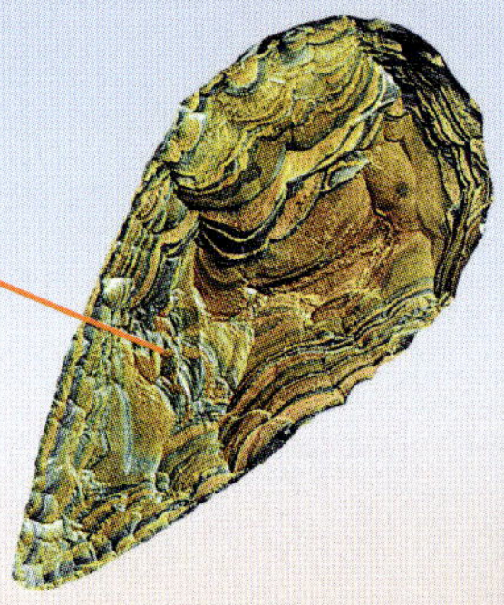

Stonehenge

Von diesen Steinkreisen aus bis zu vier Meter hohen Megalithen waren die Menschen zu allen Zeiten fasziniert. Sie stehen im Süden Englands und sind über 4 000 Jahre alt.

Höhlenmalerei

Über 300 Höhlen mit steinzeitlicher Malerei sind bekannt. Eine der schönsten ist die Höhle von Lascaux in Frankreich.

Geologen und Paläontologen, die sich mit den frühen Lebensformen auf der Erde beschäftigen, wurde schrittweise klar: Menschen und auch Tiere haben nicht immer gleich ausgesehen. Es gab eine lange Entwicklung der Lebewesen – über viele Millionen Jahre hinweg haben sie sich ständig an Klima und Umwelt angepasst.

Wo lebten die frühesten Menschen?

Archäologen widmeten sich nun auch der Zeit vor der Antike. Forscher wie die Familie Leakey fanden heraus, dass die frühesten Menschen in Afrika lebten. Dort entwickelten sich dann im Laufe langer Jahre verschiedene Menschenarten, etwa der Homo erectus und zuletzt der Homo sapiens, zu dem auch wir gehören. Wir alle stammen also aus Afrika!
In den letzten Jahren haben die Archäologen viel Erstaunliches über die Menschen der Steinzeit herausgefunden: Wir kennen ihre Behausungen, Kleidung, Nahrung, Medizin, Schmuck, Boote, Gräber sowie sehr verschiedene Werkzeuge und Waffen. Da immer weiter geforscht wird und sich auch die Technik stets verfeinert, gibt es immer wieder neue, verblüffende Erkenntnisse.

Star der Steinzeit: Ötzi

Über keinen anderen Menschen der Steinzeit sind wir so gut informiert wie über den Mann vom Tisenjoch in den Ötztaler Alpen, kurz Ötzi genannt. 1991 entdeckten Wanderer seinen Körper und hielten ihn zunächst für einen Toten aus heutiger Zeit. Gründliche Untersuchungen ergaben jedoch, dass dieser Mann vor etwa 5 300 Jahren gelebt hat. Wir wissen heute, dass er aus Italien stammte und etwa 46 Jahre alt war, als er starb. Vermutlich kam er durch eine Pfeilspitze zu Tode, wurde also ermordet. Er trug einen Dolch mit Steinklinge, Pfeil und Bogen sowie ein Beil mit Kupferklinge bei sich. Sogar über Ötzis letzte Mahlzeit wissen wir Bescheid: Fleisch vom Steinbock, Pflaumen und Getreide.

Ötzi hatte braune Augen und dunkle Haare. Er war tätowiert und trug Kleidung aus Leder, Fell und Gras.

Rekonstruierte Pfahlbauten in Unteruhldingen am Bodensee.

Schon gewusst?

Viele Dinge, die für uns heute zum täglichen Leben gehören, wurden bereits in der Steinzeit erfunden – zum Beispiel das Rad, befestigte Straßen oder Essbesteck. Aber auch Schminke, Klebstoff und eine Art Kaugummi gab es schon!

Pfahlbauten

Zuerst am Zürichsee in der Schweiz und ab 1856 auch am Bodensee entdeckten Forscher Reste uralter Häuser, die einst auf Stelzen im Wasser standen, dazu Scherben von Geschirr sowie Werkzeug und Knochen. Inzwischen sind in den Seen und Mooren rund um die Alpen über 1 000 Pfahlbausiedlungen gefunden worden. Durch zahlreiche Forschungsmethoden wissen wir heute: Die Dörfer waren etwa von 5000 bis 850 vor Christus besiedelt und bestanden aus bis zu 100 Häusern. Ihre Bewohner kannten bereits aus Baumstämmen geschlagene Boote, Fischernetze, Wagen mit Rädern und gewebte Stoffe. Und wozu die Stelzen? Die schützten die Häuser vor Hochwasser.

Die Metallzeiten

Gemeinsam mit der Steinzeit zählen die Metallzeiten zum Fach Ur- und Frühgeschichte. Der Zeitraum, um den es hier geht, erstreckt sich von etwa 2200 bis 800 vor Christus – das ist die Bronzezeit – und von etwa 800 bis 15 vor Christus – das ist die Eisenzeit. Als Ende der Eisenzeit gilt das Vordringen der Römer in Gebiete nördlich der Alpen ab dem Jahr 15 vor Christus. Die wichtigsten Funde der Metallzeiten sind Gräber, Hort- und Schatzfunde, Reste von Häusern sowie Keramik, also Gefäße aller Art.

Vom Kupfer zur Bronze

In der späten Steinzeit, auch Kupferzeit genannt, lernten die Menschen, Metall abzubauen und zu verarbeiten. Ein bekanntes Beispiel dafür ist das Kupferbeil des Gletschermanns Ötzi aus der Zeit um 3300 vor Christus. Kluge Köpfe erkannten dann, dass Kupfer härter und gleichzeitig elastischer wird, wenn man es mit Zinn mischt. Damit war die Bronze erfunden. Aus ihr wurden Werkzeug und Waffen hergestellt, aber auch Schmuck, Skulpturen und einzigartige Kunstwerke wie die Himmelsscheibe von Nebra. Halsringe aus Bronze dienten zudem als Frühform des Geldes.

Die Welt ändert sich

Mit der Bronze wurde alles anders: Die Menschen spezialisierten sich, die Arbeitsteilung wurde entwickelt. Nun gab es Kundige, die über technisches Wissen verfügten, Mächtige, die Metallabbau und Handel kontrollierten, und solche, die durch Handel zu Wohlstand kamen. Die Welt geriet in Bewegung: Der Handel mit begehrten Waren brachte die Menschen auch in für sie zuvor unbekannte Gegenden. Außer Kupfer und Zinn wurden auch Gold, Salz, Bernstein, Edelsteine und Elfenbein über große Entfernungen gehandelt. Mit der Bronze kamen aber auch das Schwert, der Schild und der Helm – also mehr Gewalt und Krieg. Orte wurden zum Schutz mit Mauern umgeben.

Horte: Gaben an die Götter

In ganz Europa vergruben Menschen der Bronzezeit wertvolle Dinge wie Beile, Dolche, Ringe und später auch Sicheln aus Bronze im Boden. Offenbar waren es Gegenstände, die damals besonders geschätzt wurden. Diese Horte waren Gaben an die Götter. Die Opferplätze wurden immer wieder aufgesucht; was dort genau geschah, wissen wir nicht. Sicher ist nur, dass die Gaben im Boden bleiben sollten.

Fundstücke aus Metall

Typische Funde der Metallzeiten sind Fibeln aus Bronze, mit denen man Gewänder zusammenhielt **(1)***; besonders kunstvoll gearbeitet sind die Kupferkannen von Basse Yutz* **(2)** *oder Goldschmuck* **(3)***. Keltische Eisenbarren* **(4)** *dienten oft als Tauschmittel.*

Blick in die rekonstruierte, reich ausgestattete Grabkammer des Keltenfürsten von Hochdorf.

Der keltische Grabhügel von Hochdorf: Wer ein solch imposantes Grab bekam, muss eine bedeutende Persönlichkeit gewesen sein!

Goldhut

Fein gearbeitet und aus purem Gold: In der Bronzezeit zierte der Hut wohl den Kopf eines Magiers.

Keltischer Krieger

Vom hessischen Glauberg stammt diese 1,86 Meter hohe Statue aus Sandstein. Was man für große Ohren halten könnte, ist wohl als Blattkrone aus Misteln gemeint.

Eisenzeit – Keltenzeit

Um 800 vor Christus gelang es den Metallkundigen, Eisen zu verarbeiten. Gegenstände aus Eisen sind noch härter und beständiger, Klingen noch schärfer als solche aus Bronze. Ein weiterer Vorteil: Eisen kommt in der Natur viel häufiger vor als Kupfer und ist in Form von Erzen fast überall zu finden. Die Eisenzeit wird in zwei Abschnitte unterteilt: die Hallstattzeit und die Latènezeit. Ihre Namen kommen von zwei wichtigen Fundplätzen im österreichischen Salzkammergut und in der Schweiz. In vielen Gegenden Mitteleuropas ist die Eisenzeit auch die Zeit der Kelten: mehrerer Volksgruppen, die Städte bauten und Münzen prägten, aber keine Schrift kannten.

Grabfunde der Eisenzeit

Gräber waren Zehntausende von Jahren lang in etwa gleich ausgestattet. Mit dem Metall änderte sich das: Nun gab es normale Gräber und Gräber der Mächtigen. Typisch vor allem für die Eisenzeit sind Fürstensitze und Fürstengräber. Als Fürstensitz bezeichnen Archäologen eine befestigte Siedlung in erhöhter Lage mit besonders geschützter Oberstadt. Hier wohnte vermutlich der Fürst. In der Nähe befinden sich meist auch Fürstengräber: aufwendig gebaute und kostbar ausgestattete Grabstätten. Meist liegen sie in Holzkammern unter gewaltigen Grabhügeln.

Keltenfürst ...

Eine Sensation war die Auffindung des Keltenfürsten von Hochdorf in Baden-Württemberg 1978/1979: In seiner komplett erhaltenen Grabkammer fanden die Archäologen unter anderem einen vierrädrigen Wagen mit Metallverzierungen, Essgeschirr, einen riesigen Bronzekessel, eine bronzene Liege mit Rückenlehne und schließlich den kostbar gekleideten, reich mit Goldschmuck ausgestatteten Fürsten. Alles war mit Tüchern bedeckt. Bis die Gegenstände wieder zu ihrer ursprünglichen Form fanden, mussten Restauratoren aber jahrelange Geduldsarbeit leisten – die Last der Erde hatte vieles vollkommen zerdrückt.

... und Keltenfürstin

2010 wurde dann in Herbertingen unterhalb des Fürstensitzes Heuneburg eines der seltenen Gräber einer Keltenfürstin entdeckt. Es enthält neben dem Leichnam der Herrscherin kostbaren Schmuck und Textilien. Derzeit wird das Grab noch erforscht.

Schon gewusst?

Pferde waren zunächst Jagdbeute, dann Zugtiere. Erst seit der Eisenzeit wurden Pferde auch geritten. Dafür sprechen Funde von Sporen, Steigbügeln und Sätteln.

Der Sonnenwagen von Trundholm wurde 1902 von einem dänischen Bauern beim Pflügen entdeckt. Er zeigt die Reise der Sonne über den Tages- und Nachthimmel und ist etwa 3 400 Jahre alt.

Unglaublich!

Die Grabkammer der Keltenfürstin von Herbertingen wurde 2010 als ganzer, 7,5 x 6 Meter großer Block ausgegraben und ins Labor transportiert. 80 Tonnen archäologisches Material reisten mit einem Spezialtransport nach Stuttgart.

Der Alte Orient und die Bibel

So prächtig soll die Stadt Babylon am Fluss Euphrat einst ausgesehen haben.

Eines der eindrucksvollen Stadttore von Babylon, das blaue Ischtar-Tor, befindet sich heute als Rekonstruktion im Pergamonmuseum in Berlin.

Im Alten Orient – genauer gesagt in Mesopotamien, gelegen im heutigen Irak und Syrien – entwickelten die Sumerer um 3300 vor Christus die wohl erste Hochkultur. So nennt man eine menschliche Gesellschaft, die Felder bewirtschaftet, Städte baut, eine eigene Schrift entwickelt, Gesetze erlässt und Handel treibt.

Viel zu erforschen

Die Vorderasiatische Archäologie untersucht ein großes geografisches Gebiet: Dazu gehören die heutige Türkei, Syrien, der Irak, der Iran, Afghanistan, Pakistan, Armenien und Arabien. Der untersuchte Zeitraum umfasst beeindruckende 11 000 Jahre: vom Beginn menschlicher Sesshaftigkeit um 10 000 vor Christus bis zur islamischen Eroberung des Gebiets im 7. Jahrhundert nach Christus. Archäologen der Fachrichtung Vorderasiatische Archäologie müssen viel über die Gegenden des Alten Orient und ihre Geschichte wissen und sie sollten Sprachen wie Arabisch, Persisch oder Türkisch und das antike Akkadisch verstehen.

Von Ur bis Babylon

Die Völker der Sumerer, Babylonier und Assyrer errichteten in Mesopotamien eindrucksvolle Städte und Tempelanlagen, etwa Ur, Uruk, Assur, Ninive und Babylon. Da es in diesem Gebiet kein hartes Gestein gibt, wurden sie alle aus ungebranntem Lehm errichtet und sind heute stark zerfallen. In den Städten fanden Archäologen Nachweise von uralter Keramik, hergestellt vor über 7 000 Jahren! Sie entdeckten reich ausgestattete Königsgräber, Hinweise auf die Verarbeitung von Edelsteinen und Metall, Tausende von Tontäfelchen mit Keilschrift – und die älteste aufgeschriebene Erzählung der Menschheit, das Gilgamesch-Epos. Es handelt von den Taten des Gottkönigs Gilgamesch von Uruk.

Was ist Biblische Archäologie?

Dieses Spezialgebiet beschäftigt sich mit Hinterlassenschaften aus biblischer Zeit, die sich in Israel, Palästina und den angrenzenden Ländern erhalten haben. Es geht, grob gesagt, um den Zeitraum von etwa

Zweistromland

In Mesopotamien, dem Land zwischen den Flüssen Euphrat und Tigris, entwickelte sich eine frühe Hochkultur.

Schon gewusst?

Besonders die Biblische Archäologie hat unter Betrügern und falschen Wissenschaftlern zu leiden, die auf spektakuläre Entdeckungen aus sind. Angebliche Funde sind die Arche Noah, die Bundeslade, der Turm von Babel oder das Grab Jesu Christi. Auch gibt es zahlreiche geschickte Fälschungen von hebräischen Inschriften.

Megiddo

Der in der Bibel Armageddon genannte Ort Megiddo in Israel **(1)** *bestand von 3000 vor bis 300 nach Christus. Hier wurden zahlreiche Tempel und Paläste gefunden, zudem ein Mosaik mit der ältesten Nennung von Jesus Christus* **(2)**.

2

1

2000 vor Christus bis 200 nach Christus. Die Ersten, die seit 1838 im Heiligen Land Ausgrabungen durchführten, waren Theologen und Hobbyforscher. Sie wollten möglichst viele Orte ausfindig machen, von denen in der Bibel die Rede ist. Viele wurden auch tatsächlich gefunden, etwa die Stadt Jericho oder Reste des alten Tempels in Jerusalem.

Alte Sprachen, moderne Technik

Heute geht es den Biblischen Archäologen nicht in erster Linie darum, die in der Bibel geschilderten Ereignisse zu beweisen oder zu widerlegen. Mit modernsten Methoden erforschen sie vielmehr das Leben der Menschen in den genannten Ländern zu biblischer Zeit. Es geht um ihre Häuser, ihre Nahrung und Kleidung, um verschiedene Herrscher und auch den Handel. Die Bibel dient dabei als wichtige Quelle, die Hinweise zur Lage und Datierung von Orten geben kann. Biblische Archäologen müssen antike Sprachen beherrschen, etwa Hebräisch, Akkadisch, Ugaritisch und Hethitisch.

Ein Riesenschatz: die Qumran-Rollen

Beduinen, umherziehende Wüstenbewohner, entdeckten 1947 in einer Höhle am Rand des Toten Meeres Tonkrüge mit beschriebenen Lederrollen. Über Umwege gelangten diese Rollen in die richtigen Hände. Es wurde klar: Es handelt sich um Abschriften von Büchern aus dem Alten Testament – die ältesten, die man je gefunden hat! Bis 1960 wurden in mehreren Qumran-Höhlen über 800 vollständige Schriftrollen gefunden, dazu Zehntausende von Bruchstücken. Sie alle stammen aus dem Zeitraum zwischen 200 vor Christus bis 70 nach Christus. Für Juden wie Christen und natürlich auch für die Archäologen ist das ein unermesslicher Schatz.

Gilgamesch-Epos

Gut 100 Tontafeln erzählen von dem sumerischen Gottkönig Gilgamesch von Uruk. Sie sind in Keilschrift geschrieben und etwa 4 000 Jahre alt. Die Übersetzung der einzelnen Texte ist schwierig, da sie in verschiedenen Sprachen verfasst wurden: in Akkadisch, Hurritisch und Hethitisch. Unter anderem wird eine große Überschwemmung erwähnt – die auch in der Bibel geschilderte Sintflut.

Zikkurat von Ur

Solche Tempeltürme mit Stufen wurden ab 3500 vor Christus in Mesopotamien errichtet. Sie sind nur in Resten erhalten, weil sie aus Lehmziegeln bestehen, die recht schnell verwittern.

Katzenmumie: Die Ägypter mumifizierten auch Tiere, die sie verehrten.

Schon Kaiser Napoleon war tief beeindruckt von der würdevollen Sphinx von Giseh.

Ägypten – Land der Pharaonen

Einer von acht altägyptischen Obelisken in Rom ist der 24 Meter hohe und 263 Tonnen schwere Pfeiler auf der Piazza del Popolo.

Mächtige Pyramiden, prunkvolle Sarkophage und unheimliche Mumien: Das alte Ägypten hat die Menschen schon immer fasziniert. Die Pyramiden von Giseh zählten zu den sieben Weltwundern der Antike, die alten Ägypter zu den ersten Hochkulturen der Menschheit.

Frühe Fans

Schon die alten Römer schafften ägyptische Kunstwerke nach Rom, unter anderem acht Obelisken. Der französische Herrscher Napoleon unternahm 1798–1801 einen Ägyptenfeldzug, begleitet von Forschern und Künstlern. Sie fanden den Rosette-Stein, mit dessen Hilfe später das Rätsel um die Hieroglyphen gelöst werden konnte. Die mitgebrachten Bilder lösten in Europa eine wahre Ägyptenmode aus. So entwickelte sich schon im frühen 19. Jahrhundert die Ägyptologie.

Große Kultur

Die Wüste Sahara ist reich an wertvollen Rohstoffen wie Salz oder Gold und das fruchtbare Land in der Nähe des Nils bescherte Ägypten eine ertragreiche Landwirtschaft. Um 3200 vor Christus bildeten die alten Ägypter ihre Hochkultur aus, etwa gleichzeitig mit den Sumerern in Mesopotamien: Sie bewässerten Felder, bauten einen funktionierenden Staat auf, entwickelten eine Schrift, einen Kalender und eine eigene Zeitmessung. Es folgte die Zeit der großen Pharaonen mit ihren Palästen und Pyramiden als Grabstätten. Auch faszinierende Malereien, Skulpturen und Schätze kennen wir heute aus dem Reich am Nil. Die alten Ägypter mumifizierten ihre Toten und schrieben Geschichten auf Papyrus auf. Bis 342 vor Christus bestand das alte Ägypten als eigenständiges Reich, also gut 3 000 Jahre lang.

Die Pyramiden von Giseh

Nahe der Millionenstadt Kairo stehen die einzigen Weltwunder der Antike, die bis heute erhalten geblieben sind.

Sonderfall Ägyptologie

Durch die enorme Trockenheit der Wüste sind in Ägypten viele Dinge erhalten, die anderswo schnell zerfallen sind, etwa Stoffe. Andererseits gab es dort schon seit der Antike Grabräuber. So ist vieles unwiederbringlich verloren. Besonders ist auch, dass die Ägyptologie meist auf die Erforschung von Sprache und Schrift ausgerichtet ist. Nur in zweiter Linie ist sie heute ein archäologisches, also grabendes Fachgebiet.

Kostbare Königsgräber

Berühmtester Fund der ägyptischen Archäologie ist das Grab des Pharaos Tutanchamun. 1922 wurde es von dem Briten Howard Carter unversehrt aufgefunden. Der Reichtum der darin geborgenen Schätze ist unermesslich: Das Grab enthielt Möbel, Statuen, Gefäße und Truhen voller Kostbarkeiten, alles reich verziert und vergoldet. Doch obwohl es vor fast 100 Jahren entdeckt wurde, ist ein Rätsel noch immer nicht gelöst. Der Archäologe Nicholas Reeves vermutet, dass hinter der Grabkammer Tutanchamuns eine weitere Kammer mit dem Grab der Nofretete liegt. Der Forscher stützt sich auf Radarmessungen, Infrarotmessungen und Laserscans. Andere Messungen sprechen jedoch dagegen und mehrere Experten bezweifeln, das Reeves recht hat. Das Problem: Da die Wände der Grabkammer kostbar bemalt sind, kann man dort nicht einfach graben. Auch andernorts wurden Grabstätten ägyptischer Könige gefunden, so 1939 die des Psusennes I. in Tanis im Norden Ägyptens. Und im Tal der Könige bei Luxor, einer riesigen Grabanlage, in der auch Tutanchamun bestattet war, konnten Wissenschaftler 2006 erstmals seit 1922 ein bisher ungeöffnetes Grab betreten.

Arm und Reich

Wie überall hat sich in Ägypten vom Leben der Reichen mehr erhalten als vom Leben der ärmeren Bevölkerung. Archäologen haben aber auch ganze Dörfer ergraben, so in Deir el-Medina, wo man noch die Einteilung der Wohnhäuser aus Lehmziegeln erkennen kann. In einem Brunnen fanden sich 2 000 beschriftete Tonscherben, sogenannte Ostraka, die viele Informationen über das Leben im Dorf enthalten. Dort ist aufgezeichnet, wer wo arbeitete, wie Arbeiter entlohnt wurden oder was Lebensmittel kosteten.

Nofretete

Diese beeindruckende Büste der Frau und Mitregentin des Pharao Echnaton fand man 1912 in der Werkstatt des altägyptischen Bildhauers Thutmosis.

Unglaublich!

In den 1960er-Jahren war die Tempelanlage von Abu Simbel von Überschwemmung bedroht. Also versetzte man sie einfach an eine andere Stelle! Über 1 000 Blöcke von bis zu 30 Tonnen wurden aus dem Fels geschnitten und wieder neu zusammengesetzt. Rettung gelungen!

Tutanchamun

Drei wertvolle Sarkophage bargen die Mumie des jungen Pharao: Die beiden äußeren bestehen aus vergoldetem und reich verziertem Holz, der innere Sarkophag ist aus reinem Gold gefertigt.

Wandmalerei im Felsengrab der Königin Nefertari im Tal der Königinnen in Theben.

Klassische Archäologie: Griechen und Römer

Diskuswerfer

Generationen von Künstlern bewunderten den Diskobol des griechischen Bildhauers Myron für seine Eleganz.

Archäologen, die sich mit den antiken Kulturen Griechenlands und Roms beschäftigen, nennt man Klassische Archäologen. Sie untersuchen die Gegenstände, die die alten Griechen, Etrusker und Römer hinterlassen haben. Dabei geht es um einen Zeitraum von etwa 1000 vor Christus bis 300 nach Christus. Das Untersuchungsgebiet erstreckt sich von Griechenland und Italien ausgehend rund ums Mittelmeer.

Warum eigentlich klassisch?

Die Bezeichnung »Klassische Archäologie« kommt aus einer Zeit, in der die Kultur der Antike als vorbildlich und ideal galt. Die Bauwerke, Skulpturen und die Literatur dieser Zeit wurden als Maß aller Dinge angesehen. Im 18. Jahrhundert erforschte der deutsche Gelehrte Johann Joachim Winckelmann die Skulpturen der griechischen und vor allem römischen Antike. Er beschrieb sie genau und erklärte sie zum Schönsten überhaupt, als klassisch: Sie besäßen nämlich »edle Einfalt und stille Größe«.

Hauptsache Kunst?

Winckelmann prägte eine Archäologie, die sich vor allem für das Schöne und Kunstvolle interessierte, für Bauwerke, Skulpturen, Malerei, Vasen und Schmuck. Die Archäologen erforschten Herkunft und Datierung von Kunstwerken. Sie fragten nach der Bedeutung der Bilder und nach ihrer Qualität. Später begann auch die Klassische Archäologie, sich für Gegenstände aus dem Alltag zu interessieren und das Leben der einfachen Menschen, etwa Sklaven, in der Antike zu erforschen. Bis heute bilden aber die klassischen Kunstwerke einen klaren Schwerpunkt.

Alte Geschichten

Klassische Archäologen müssen Altgriechisch und Latein beherrschen, um die antike Literatur, Inschriften und Urkunden verstehen zu können. Zudem müssen sie

Parthenon-Fries

Dieses Marmorrelief aus dem 5. Jahrhundert vor Christus stammt vom Parthenontempel in Athen. Besonders fein sind die Gewänder gearbeitet.

Akropolis

Der antike Burgberg von Athen mit seinen Tempeln zieht jedes Jahr Millionen von Besuchern an. Die Gebäude sind jedoch inzwischen durch Umweltverschmutzung stark angegriffen und dürfen nicht mehr betreten werden.

Amphore

Zwei Faustkämpfer und ein Preisrichter sind auf diesem griechischen Vorratsgefäß dargestellt.

die Texte der antiken Schriftsteller kennen, etwa von Thukydides, Homer oder Herodot. Besonders wichtig ist die antike Mythologie: Die Geschichten über Götter und Helden sind in Stein, auf Mosaiken, auf Keramik, Gold oder Elfenbein dargestellt.

Akropolis und Forum Romanum

Ein Muss für jeden Klassischen Archäologen ist die Akropolis in Athen, errichtet im späten 5. Jahrhundert vor Christus hoch über der griechischen Hauptstadt. Sie besteht aus einem großen Tempelbezirk, in dem sich drei wichtige Gebäude erhalten haben: das Erechteion, der Tempel der Athene Nike und der Parthenon. Im Auftrag des britischen Botschafters Lord Elgin wurden 1801 große Teile der Außenverzierung dieses berühmten Tempels der Göttin Athene Parthenos abgenommen und anschließend nach England transportiert. Seit 1816 befinden sich die Marmortafeln vom Parthenon-Fries im British Museum in London.
Ähnlich bedeutend wie die griechische Akropolis ist das Forum Romanum, ein Platz, der in der Antike das Zentrum Roms war.

Forum Romanum

Heute kaum mehr vorstellbar: Reisende des 19. Jahrhunderts erlebten das Forum Romanum grün überwuchert und als Weideplatz für Vieh.

Kolosseum

Das größte der römischen Amphitheater wurde 80 nach Christus in Rom eingeweiht. Hier fanden neben den beliebten Gladiatorenkämpfen auch Hinrichtungen statt.

Im 5. Jahrhundert nach Christus wurde es jedoch weitgehend zerstört und versank dann unter Schutt, Bäumen und Viehweiden. Erst im 19. Jahrhundert begannen Archäologen mit seiner Freilegung.

Sport und Spiel

Zu den großen Errungenschaften der griechischen Kultur zählen die Olympischen Spiele. Sie fanden von 776 vor Christus bis 394 nach Christus in der Stadt Olympia statt. 1896 wurden sie wiederbelebt und werden heute alle vier Jahre in einem anderen Land ausgerichtet. Auch die Gladiatorenkämpfe der alten Römer werden immer wieder zu neuem Leben erweckt – man stellt sie mithilfe von Archäologen nach. Die aufwendigen Spektakel vermitteln einen lebendigen Eindruck vom Leben der Antike.

Roms Provinzen

Das Leben in den ehemaligen römischen Provinzen, also in den eroberten Gebieten, untersucht die Provinzialrömische Archäologie. Sie hat sich zum eigenen Fachgebiet entwickelt. Ihre Methoden stehen denen der Ur- und Frühgeschichte nahe. Der Provinzialrömischen Archäologie geht es um Zeugnisse der Römer außerhalb des Römischen Reichs, etwa im heutigen Süddeutschland. Dazu zählen der Grenzwall Limes und seine Wachtürme sowie Kastelle und Siedlungen, zum Beispiel in Manching oder Aalen. Auch römische Friedhöfe, Straßen, Villen und Bäder werden erforscht. Wichtige Städte römischen Ursprungs auf deutschem Boden sind Regensburg, Augsburg, Mainz, Trier und Köln. Dort werden noch heute immer wieder spannende Zeugnisse der Römerzeit ergraben.

Schon gewusst?

Rom hat nur drei U-Bahn-Linien – ungewöhnlich für eine europäische Landeshauptstadt! Das liegt daran, dass man bei unterirdischen Bauarbeiten ständig auf archäologisch interessante Objekte stieß. Der Bau musste dann immer wieder angehalten werden.

Eisenmaske

Sie ist ein wichtiger Hinweis darauf, dass die Varusschlacht der Römer gegen die Germanen wohl in der Gegend von Kalkriese bei Osnabrück stattfand.

Schrecken und Schatz: Pompeji

Vesuvausbruch

Der Vesuv gilt als einer der gefährlichsten Vulkane und ist bis heute aktiv. Heftige Ausbrüche fanden nach 79 auch in den Jahren 1631 und 1906 statt.

Die Erde bebt, in der plötzlich hereingebrochenen Dunkelheit jagt eine Erschütterung die nächste. Auf den Straßen Panik! Menschen raufen ihre Habseligkeiten zusammen, wollen nur noch raus aus der Stadt. Andere suchen verängstigt Schutz. Was wie ein Drehbuch klingt, hat sich im Jahr 79 nach Christus wirklich zugetragen – in Pompeji, einer Hafenstadt bei Neapel. Die gesamte Stadt wurde beim Ausbruch des Vulkans Vesuv verschüttet. Nirgendwo ist heute mehr vom alten Rom erhalten als dort.

Die Ruinen des antiken Pompeji mit dem Vesuv: Der Vulkan ist Wahrzeichen und Mahnmal zugleich.

Verschüttete Schätze

Unter einer dicken Schicht aus Asche, Gestein und Schlamm wurde das Alltagsleben einer ganzen Stadt konserviert: Gefunden wurden Marktstände, Bäckerläden und Wirtshäuser, Theater und Schwimmbäder. Man kann großzügig gebaute Häuser mit Mosaiken, Wandmalereien und Innenhöfen betreten. Neben Straßen, Wasserleitungen und Brunnen sind auch mehrere Tempel, ein Forum und einige Verwaltungsgebäude erhalten. Das Amphitheater von Pompeji fasste 20000 Zuschauer und ist eine der ältesten erhaltenen Arenen für Gladiatorenwettkämpfe.

Der Augenzeuge

Es gibt sogar eine antike »Livereportage« zum Ausbruch des Vesuv im Jahr 79: Verfasst hat sie der Geschichtsschreiber Plinius der Jüngere. In zwei Briefen schildert er, wie aus dem Vesuv eine riesige schwarze Rauchsäule emporstieg, durchzuckt von Blitzen. Bimsstein prasselte nieder, Dächer stürzten ein. Pompeji wurde unter einer dicken Schicht aus Gestein begraben. Es folgten Asche und heiße, giftige Dämpfe.

Etwa 10 000 Menschen lebten in Pompeji, als die Stadt vom Vesuv ausgelöscht wurde.

Die Erde bebte. Mehrere Tage lang war der Himmel schwarz verhangen. Danach gab es 15 Kilometer rings um den Vesuv nur noch graue, rauchende Wüste. Plinius der Jüngere überlebte nur, weil er weit genug entfernt war.

Datierung durch Früchte

In späteren Abschriften der Plinius-Briefe wird der Vesuvausbruch auf den 24. August des Jahres 79 datiert. Das kann aber nicht stimmen, denn Archäologen haben in Pompeji viele Herbstfrüchte gefunden: Walnüsse, Granatäpfel, Trauben und Kastanien. Feigen und Datteln waren bereits getrocknet. Daraus geht hervor, dass der Vesuv erst im Herbst ausgebrochen sein muss, möglicherweise am 24. Oktober.

Herculaneum

Wenige Kilometer von Pompeji entfernt lag der Ort Herculaneum. Hier gab es Villen reicher Römer und eine Papyrus-Bibliothek. Herculaneum wurde von einer 20 Meter dicken Schicht aus Asche und Bimsstein bedeckt. Im Jahr 1709 entdeckte ein Bauer zufällig das Theater des Ortes. Damit löste er Grabungen in Herculaneum aus; wenig später wurde auch Pompeji entdeckt. Die Überreste der Stadt lagen zwischen sechs und 20 Meter tief unter der Erde.

Vom Tod überrascht

Die Menschen Pompejis flüchteten in ihre Häuser oder versuchten vergeblich, die Stadt zu verlassen. Sie wurden von Gesteinsbrocken erschlagen, erstickten an der feinen Asche oder starben an den giftigen Phosphordämpfen. Ihre Körper sind unter der 400–500 Grad Celsius heißen Magmaschicht komplett verglüht, haben aber Hohlräume hinterlassen. Zum Glück hatte der Archäologe Giuseppe Fiorelli um das Jahr 1860 eine gute Idee: Er goss die Hohlräume mit flüssigem Gips aus. So erhielt er Figuren von Frauen, Männern, Kindern und sogar Hunden aus Pompeji zum Zeitpunkt ihres Todes. Es sind vor allem diese Figuren, die die antike Katastrophe heute noch lebendig werden lassen.

Unglaublich!

Gut ein Drittel der Stadt liegt noch immer unter der Erde! Und vieles, was bereits ergraben wurde, ist heute vom Verfall bedroht.

Verkohltes Brot

Ein Wandbild aus Pompeji und ein verkohlter Brotlaib überliefern, wie römisches Brot ausgesehen hat.

Auf der Flucht

Tausende von Menschen versuchten, der Katastrophe zu entfliehen; geblieben sind Gipsabgüsse ihrer Körper.

Mittelalter und Neuzeit

Mittelalter-Archäologen untersuchen den Zeitraum von etwa 800 bis 1500 und befassen sich dabei vor allem mit Gebieten in Europa: Wie und wo genau lebten die Menschen dieser Zeit? Archäologen der Neuzeit erforschen die Zeitspanne danach, interessieren sich also für das Leben der Menschen ab dem 16. Jahrhundert. Bei Ausgrabungen geht oft beides ineinander über.

Mehr als Ritter und Burgen

Aus dem Mittelalter hat sich vieles für alle sichtbar erhalten, etwa Burgen, Kirchen und Stadtmauern. Manche Gegenstände wurden sogar vom Mittelalter bis heute aufbewahrt, in schweren Truhen oder gesicherten Kammern: Waffen, Schmuck, Rüstungen oder anderer Besitz der Reichen und Mächtigen. Aber was ist mit den Dingen, die zum alltäglichen Leben der ganz normalen Menschen gehörten? Sie waren aus weniger haltbarem Material. Oft sind sie zu Bruch gegangen und liegen verschüttet im Boden. Manche dieser Dinge werden nur durch Zufall entdeckt – etwa bei Straßenbauarbeiten. Um die Funde richtig zu lesen, also zu interpretieren, können schriftliche Überlieferungen aus der Zeit helfen, etwa Urkunden.

Fundgrube Burggraben

Wahre Fundgruben für Archäologen sind die Abfallgruben von mittelalterlichen Burgen: Hier finden sich nicht nur Speisereste , die Auskunft über die Ernährung der Burgbewohner geben, sondern auch Knochen von Haustieren, zerbrochenes Geschirr und andere Dinge, die kaputtgegangen sind und entsorgt werden mussten. Das können Spielbretter und Würfel sein, kleine Figuren oder Reste von Kleidung.

Was liegt alles unter Städten?

In den vergangenen Jahren wurde viel unter deutschen Städten gegraben und geforscht: 2015 fanden Hamburger Archäologen im Bereich des heutigen Domplatzes Reste eines Palisadenzauns, einen Graben sowie Keramikscherben. Es waren Reste der Hammaburg aus dem 8. Jahrhundert, aus der sich später die heutige Großstadt Hamburg entwickelte.

Leben im Mittelalter: Dieses Wandbild in Trient zeigt arbeitende Bauern im Monat Juli und dazu Adelige, die sich vergnügen.

Kölner Dom

Unter dem Kölner Dom liegen nicht nur Reste von Vorgängerbauten der Kirche aus dem Mittelalter, sondern auch die Überreste römischer Häuser und Gräber.

Funny Fact

Bre(n)zlig!

2015 wurden die ältesten Brezeln der Welt auf dem Regensburger Donaumarkt gefunden. Sie stammen aus dem 18. Jahrhundert und waren dem Bäcker wohl verbrannt. So warf er sie weg – gemeinsam mit drei kleinen Brötchen und einem Kipferl. Nur weil die Gebäckstücke so verkohlt waren, sind sie bis heute erhalten.

Aus den uralten Stollen des Silberbergwerks unter Dippoldiswalde wurden in den letzten Jahren über 900 Fundstücke geborgen.

Auch in Berlin wurde zwischen 2007 und 2012 allerlei entdeckt: mittelalterliche Mauern und Tierknochen, Gräber aus der Barockzeit, Ofenkacheln aus dem Berliner Schloss und Hunderte von Münzen aus dem 13. bis 18. Jahrhundert. Bemerkenswert ist, dass Berlin zwar keine römischen Wurzeln hat, aber dort Funde von Elchknochen aus der Eiszeit gemacht wurden, die etwa 8 000 Jahre alt sind!

Gruben und Tunnel

Dort, wo früher Silber oder Salz abgebaut wurde, befinden sich heute oft Besucherbergwerke. Manche alten Bergwerke gilt es aber noch zu entdecken. 2001 geschah dies im sächsischen Ort Dippoldiswalde. Dort entdeckten Archäologen Stollen und Werkzeug aus einem mittelalterlichen Silberbergwerk, gut 800 Jahre alt und hervorragend erhalten. Die Stadt steht direkt auf diesen unterirdischen Gängen. Ein Tunnel ganz anderer Art wurde 2011 in Berlin wiederentdeckt: Es war ein 45 Meter langer Fluchttunnel aus der Zeit, als Deutschland noch in Ost und West geteilt war. Gegraben hatte ihn ab 1962 eine Familie, etwa drei Meter tief unter der Berliner Mauer! 1963 gelang 13 Menschen so die Flucht nach Westberlin.

Originaler Wikingerhelm aus dem norwegischen Gjermundbu, gefunden in einem Hügelgrab.

Gräber über Gräber

In Regensburg, einer alten Römerstadt, werden immer wieder Reste aus römischer Zeit gefunden. So stieß man etwa im 19. Jahrhundert beim Bau einer Bahnstrecke auf römische Gräber. Ganz in der Nähe entdeckten Bauarbeiter 2015 weitere Grabstätten. Seither haben Archäologen dort über 1 500 Gräber freigelegt. Sie stammen nicht nur aus der Römerzeit, sondern auch aus der Zeit danach. Im Jahr 488 zogen die Römer ab, der Friedhof wurde aber mindestens von 179 bis 670 nach Christus genutzt und enthält insgesamt über 7 000 Grabstätten. Die Archäologen wollen nun untersuchen, wer hier alles begraben liegt. Vor allem erhoffen sie sich neue Erkenntnisse über die Frühzeit der Bajuwaren, einem Volk, aus dem die Bayern hervorgegangen sind.

Bajuwarischer Tontopf

Auf dem großen Regensburger Gräberfeld **(1)** *fand man einen Tontopf* **(2)** *in einem bajuwarischen Männergrab des 6. Jahrhunderts. Nach der Restaurierung ist das Stempelmuster gut erkennbar* **(3)**.

Machu Picchu: Hoch oben auf einem fast unzugänglichen Bergrücken liegt die ehemalige Inkastadt.

Uralte Kulturen

In Nord- und Mittelamerika lebten die mesoamerikanischen Völker; die Inka waren im Westen Südamerikas zu Hause.

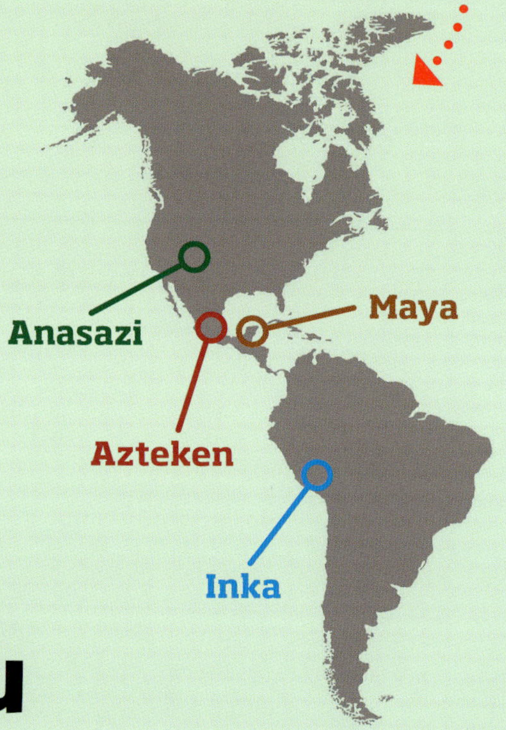

Die Neue Welt – doch gar nicht so neu

Felsenbilder, auch Petroglyphen genannt, findet man in Nordamerika häufig. Sie sind bis zu 12 000 Jahre alt und zeigen Menschen, Tiere oder Muster.

Als der Seefahrer Christoph Kolumbus 1492 Mittelamerika entdeckte, ging er davon aus, von Menschen unbewohntes Land gefunden zu haben – eine neue Welt. Doch weit gefehlt: Seit mindestens 14 000 Jahren lebten hier bereits Menschen! Vor allem in Mittel- und Südamerika hatten sich mehrere Hochkulturen entwickelt. Die bekanntesten sind die Maya, Inka und Azteken. Andere hießen Olmeken oder Moche. Ab Ende des 15. Jahrhunderts nahmen die Europäer die Neue Welt schrittweise in Besitz. Dabei zerstörten sie viel von den uralten Kulturen.

Im Mesa-Verde-Nationalpark befinden sich Zehntausende von verlassenen Häusern, ehemals bewohnt von den Vorfahren der Pueblo-Indianer.

Steinzeit in Amerika

Auch die frühen Menschen in Amerika stellten Werkzeuge her und beherrschten das Feuermachen. Sie jagten Mammuts und Vorgänger des Lamas. Wichtige Fundstätten steinzeitlicher Menschen sind Monte Verde in Chile, Cactus Hill in Virginia und Clovis in Neumexiko. Um 3500 vor Christus erfanden die Ureinwohner Amerikas die Landwirtschaft, unabhängig von den Menschen in Asien und Europa. In Mittelamerika und in den Anden bauten sie Getreide, Mais, Kürbis und Kartoffeln an. Sie errichteten Siedlungen und hielten Nutztiere.

Von den Anasazi zu den Pueblos

Die Vorfahren der heutigen Pueblo-Indianer werden Anasazi genannt. Ab 500 nach Christus errichteten sie im Südwesten der

Funny Fact

Ballspielplätze

Früh dran: Schon 1400 vor Christus legten die Menschen Mittel- und Südamerikas Ballspielplätze an. Um Fußball ging es aber noch nicht; vielmehr musste ein Ball aus Kautschuk durch einen Ring befördert werden.

Hohe seitliche Mauern begrenzen das Spielfeld der mesoamerikanischen Ballspielplätze.

heutigen USA Grubenhäuser. Das sind kleine Häuser aus Holz und Erde, die in einer etwa 1,20 Meter tiefen Grube stehen. Aus den Grubenhäusern entwickelten die Anasazi dann Siedlungen – sogenannte Pueblos – aus großen, frei stehenden Häusern. Besonders eindrucksvoll sind die Pueblos im Mesa-Verde-Nationalpark und im Chaco Canyon: Hier finden sich Häuser aus Lehmziegeln inmitten von Felsenschluchten. Sie entstanden zur Hochzeit der Anasazikultur zwischen 800 und 1250 nach Christus.

Maya und Co in Mesoamerika

Das Gebiet zwischen Mexiko, Honduras und El Salvador wird Mesoamerika genannt. Hier entwickelte sich um 1500 vor Christus eine erste Hochkultur: die Maya. Sie betrieben Landwirtschaft und hatten eine eigene Religion, einen Kalender und eine eigene Schrift. Über 3 000 Jahre lang bauten die Maya Städte und schufen Kunstwerke. Nach der Ankunft der Spanier im 16. Jahrhundert ging ihre Kultur zu Ende. Zu den Völkern in Mesoamerika gehören auch die Tolteken, die Olmeken und die Zapoteken. Orte wie Teotihuacán oder Monte Albán zeugen von der Pracht ihrer Kulturen.

Mächtig grausam: die Azteken

Die Azteken herrschten von 1250 bis 1521 im Gebiet des heutigen Mexiko und entwickelten eine hohe Zivilisation. Es gab Straßen, Kanäle und Handelsplätze, Kunst, Dichtung und eindrucksvolle Architektur. Zudem waren die Azteken so etwas wie frühe Archäologen: Sie gruben Hinterlassenschaften älterer Kulturen aus und benutzten sie weiter. Besonders fasziniert waren sie von den alten Kultstätten von Teotihuacán. Aber ihre Religion war grausam: Die Azteken brachten ihren Göttern unzählige Menschen aus Nachbargebieten zum Opfer dar. Die Schädel stellten sie auf Gerüsten zur Schau.

Machu Picchu und die Inka

Riesig war das Reich der Inka – das größte in ganz Amerika. Es erstreckte sich von Ecuador bis nach Chile und Argentinien und bestand von 1200 bis 1572. Die Inka errichteten beeindruckende Bauwerke. Ihre Hauptstadt war Cusco im heutigen Peru. Der berühmteste Inkaort ist jedoch Machu Picchu: 2 400 Meter über den Dschungeln des Amazonas in Peru liegt diese reiche Inkastadt. Archäologen haben herausgefunden, dass Machu Picchu keine normale Stadt war, sondern der Aufenthaltsort eines Königs, prächtig ausgestattet mit Tempeln, Bädern und Wohnungen. Die Steinmauern sind ohne Mörtel zusammengefügt. Etwa 1 000 Menschen haben hier gelebt, bevor die Kultur der Inka unterging.

Das Volk der Olmeken prägte zwischen 1200 und 500 vor Christus eine blühende Kultur. Bis zu drei Meter hohe Steinköpfe, die bis heute erhalten sind, stellen Olmekenherrscher dar.

Tulum war eine Küstenstadt der Maya, gelegen auf einer hohen Klippe über dem Meer. Im 19. Jahrhundert entdeckten US-Amerikaner die gut erhaltenen Reste des ehemaligen Handelsortes.

Höchster Gott der Azteken war Quetzalcoatl, die gefiederte Schlange.

Archäologie weltweit

Auf der ganzen Welt sind Archäologen unterwegs, um die Spuren unserer Vergangenheit zu erforschen. Es gibt eine Menge zu entdecken – und immer wieder werden neue spannende Funde gemacht.

USA

Ziegelhäuser

Zwischen 800 und 1250 nach Christus errichteten Vorfahren der Pueblo-Indianer im Gebiet von Mesa Verde Häuser aus Lehmziegeln inmitten von Felsschluchten.

Mexiko

Teotihuacán

Die Stadt im Norden Mexikos war zwischen 100 und 650 nach Christus eine der größten der Welt. Sie besaß Tempel, Paläste sowie eine Sonnen- und eine Mondpyramide.

Peru

Machu Picchu

2 400 Meter über den Dschungeln des Amazonas liegt diese eindrucksvolle Inkastadt. Von 1200 bis 1572 herrschten die Inka in Südamerika über ein großes Reich.

Osterinsel (Chile)

Moai

Über 900 riesige Figuren sind die Wächter der Osterinsel im Pazifischen Ozean. Errichtet wurden sie zwischen 500 und 1800 nach Christus vom Volk der Rapanui.

Nigeria

Nok-Kultur

In Nigeria lebten zur Eisenzeit Bauern, die faszinierende Skulpturen aus Ton schufen. Die zum Teil über einen Meter großen Figuren sind kunstfertig und detailreich gestaltet. Keine ähnelt der anderen.

Griechenland

Palast von Knossos

Auf der Insel Kreta wurde um 1700 vor Christus ein Palast mit Hunderten Räumen und bis zu fünf Stockwerken errichtet. Die Wände zieren farbenfrohe Malereien.

Ukraine

Hütten aus Mammutknochen

Nicht nur in der Ukraine, sondern auch in Russland, Polen und Tschechien wurden Reste von steinzeitlichen Behausungen aus Mammutknochen gefunden.

China

Terrakotta-Armee

In Xi'an ließ der erste Kaiser von China um 200 vor Christus eine Armee aus Tonfiguren vergraben: über 8 000 lebensgroße Soldaten und Pferde, hölzerne Streitwagen und Waffen. Sie sollten ihm im Jenseits dienen.

Kambodscha

Angkor Wat

In Kambodscha herrschten vom 9. bis zum 15. Jahrhundert nach Christus die Khmer. Sie hinterließen faszinierende Tempel. Der bedeutendste ist Angkor Wat. Obwohl er immer in Benutzung blieb, wurde er vom Dschungel überwuchert und erst im 20. Jahrhundert wieder freigelegt.

Türkei

Çatalhöyük

In der heutigen Türkei liegt die wohl früheste Stadt der Welt: Sie ist über 9 400 Jahre alt. Es gibt allerdings keine Straßen und Plätze, sondern nur Lehmhäuser.

Australien

Felskunstwerke

Die Ureinwohner Australiens haben in verschiedenen Gegenden ihre Spuren hinterlassen: in der Region Pilbara in Form von Felsritzungen, im Carnarvon-National Park in Queensland durch Schablonenmalereien aus rotem Ocker. Im Kakadu-Nationalpark wiederum entstanden die rätselhaften »Röntgenbilder« der Aborigenes.

Tansania

Olduvai-Schlucht

Diese fast 50 Kilometer lange und 90 Meter tiefe Schlucht in Tansania wird als Wiege der Menschheit bezeichnet. Hier fanden Forscher viele Steinwerkzeuge und Überreste von zahlreichen frühen Menschen.

Indien

Indus-Kultur

Ab 2800 vor Christus entwickelte sich im heutigen Indien, Pakistan und Afghanistan eine Hochkultur mit Städten, Handel und vermutlich auch einer eigenen Schrift. Sie hatte 700 Jahre Bestand.

Berühmte Archäologen

Unglaublich!
Schliemann war kein vorbildlicher Ausgräber: Weil er ungeduldig einen elf Meter tiefen Schacht grub, übersah er die richtige, eigentlich interessante Schicht der Stadt und zerstörte das Troja der »Ilias«. Er wird heute sehr kritisch gesehen.

Heinrich Schliemann wurde als Entdecker von Troja berühmt.

Heinrich Schliemann

Er gilt als Pionier der Archäologie, obwohl er kein ausgebildeter Archäologe war. Als Kind las Heinrich Schliemann (1822–1890) in der »Ilias« des antiken Schriftstellers Homer. Besonders faszinierte ihn die Geschichte über den Trojanischen Krieg. Als Erwachsener beschloss er dann, Troja zu suchen. Er war überzeugt, dass er in der heutigen Westtürkei graben müsse. Tatsächlich wurde er 1870 fündig und stieß auf die Reste einer Stadt. 1874 entdeckte Schliemann zudem im griechischen Mykene Gräber voller wertvoller Objekte.

Schliemann entdeckte die sogenannte Maske des Agamemnon und brachte sie mit dem legendären König von Mykene in Verbindung. Die goldene Totenmaske entstand jedoch Hunderte Jahre vor Agamemnons Lebenszeit.

Howard Carter

Howard Carter (1874–1939) hatte schon jahrelang in Ägypten gegraben, ohne etwas Nennenswertes zu finden. Da traf er den vermögenden Lord Carnarvon, der ihm Geld dafür gab, im Tal der Könige bei Luxor zu forschen. Carter vermutete dort das Grab des Königs Tutanchamun – und entdeckte es 1922 tatsächlich! Der Fund war eine Weltsensation und begeistert bis heute.

Howard Carter und ein Helfer bestaunen ihren Fund.

Kathleen Kenyon

Kathleen Kenyon (1906–1978) gilt als eine der besten Archäologinnen ihrer Zeit. Gemeinsam mit Mortimer Wheeler entwickelte sie eine nützliche Methode für Ausgrabungen: Die Fläche wird in Planquadrate unterteilt, die systematisch nach Schichten ausgegraben und dokumentiert werden. Bis heute wird die Wheeler-Kenyon-Methode angewandt. Berühmt wurde Kenyon zudem für ihre sorgfältigen Grabungen in Jericho, einer der ältesten Städte der Welt. Sie konnte beweisen, dass Jericho bereits 1550 vor Christus zerstört wurde, was den Angaben in der Bibel widerspricht.

Kathleen Kenyon

Wheeler-Kenyon-Quadrate: ein von Archäologen bis heute geschätztes Hilfsmittel bei Grabungen.

Familie Leakey

Louis Leakey (1903–1972) war in Afrika aufgewachsen und interessierte sich von Kindesbeinen an für die Entwicklung des Menschen, Paläoanthropologie genannt. Er studierte Archäologie und forschte dann zusammen mit seiner Frau Mary Leakey (1913–1996) in Ostafrika, besonders in der Olduvai-Schlucht in Tansania. Sie fanden Steinwerkzeuge und Knochen und konnten beweisen, dass die frühesten Menschen aus Afrika stammten. 1978 fand Mary Leakey Fußabdrücke von Erwachsenen und einem Kind, die 3,5 Millionen Jahre alt sind! Auch die Söhne des Paares, Jonathan und Richard Leakey, sind bekannte Paläoanthropologen.

Louis und Mary Leakey forschten ihr Leben lang nach Spuren der ersten Menschen.

Anne-Stine und Helge Ingstad

Anne-Stine Ingstadt (1918–1997) war Archäologin und ihr Mann Helge Ingstad (1899–2001) begeistert von den Wikingern. So begaben sie sich gemeinsam auf die Suche nach Spuren der Wikinger in Nordamerika. Alte isländische Sagen berichten von einem Land namens »Vinland« – Helge Ingstad vermutete dies in Nordamerika. Im Jahr 1961 fanden die Ingstads in L'Anse aux Meadows in Neufundland eine mittelalterliche Siedlung. Dort ergruben sie eine kleine Eisennadel mit Ringkopf – ein Gegenstand, der nur von Wikingern stammen konnte. L'Anse aux Meadows war also zweifellos von Wikingern besiedelt gewesen. Und das bedeutet: Die Wikinger haben Amerika gut 500 Jahre vor Kolumbus entdeckt!

Helge Ingstad, auch im Alter noch entdeckungsfreudig.

Anne-Stine Ingstad als junge Forscherin.

Wikingerhäuser in L'Anse aux Meadows.

T. E. Lawrence in der Wüste.

T. E. Lawrence – Lawrence von Arabien

Der studierte Archäologe Thomas Edward Lawrence (1888–1935) war an Ausgrabungen in Syrien, im Libanon und in Ägypten beteiligt. In der Wüste Zin im heutigen Israel dokumentierte er Bauwerke und Wege; seine Schriften sind bis heute wichtig für die Forschung. Zugleich führte er militärische Vermessungen für den britischen Geheimdienst durch. Bekannt wurde Lawrence für seine Unterstützung der Araber im Unabhängigkeitskampf gegen das Osmanische Reich 1917/1918. Darüber verfasste er das Buch »Die sieben Säulen der Weisheit«; später wurde die Geschichte unter dem Titel »Lawrence von Arabien« verfilmt.

Moorleiche

Der Tollund-Mann aus Dänemark ist etwa 2 300 Jahre alt. Sein Gesicht ist so gut erhalten, dass man sogar Falten und Bartstoppeln erkennen kann.

Mumifizierung

Bis zu 70 Tage dauerte das Einbalsamieren eines Leichnams im alten Ägypten. Immer dabei: eine Hundekopfmaske des Totengotts Anubis.

Was die Toten verraten

Grabfunde sind für Archäologen sehr wichtig. Denn es sagt viel über die Menschen einer bestimmten Zeit aus, wie sie ihre Toten bestattet haben. In Gräbern sind viele verschiedene Objekte zu finden, die sonst nicht überliefert wären: von Schmuck über Kleidung bis hin zu Geschirr und Essensresten. Solche Grabbeigaben sprechen dafür, dass die Menschen an ein Leben nach dem Tod geglaubt haben, in dem der Verstorbene die mitgegebenen Dinge brauchen könnte.

Körperbestattungen

Es gibt verschiedene Möglichkeiten, einen Toten zu bestatten: mit Sarkophag oder ohne, gestreckt auf dem Rücken liegend oder gehockt mit angezogenen Beinen. In bestimmten Kulturen lagen die Verstorbenen auf der linken Seite, in anderen auf der rechten. Manchmal wurden nur Teile eines Körpers bestattet; besonders der Kopf wurde häufig vom Körper getrennt. Es gibt Einzelgräber und Gruppengräber. Zudem erkennen Archäologen schnell den Unterschied zwischen einer sorgfältigen Bestattung und achtlosem Verscharren, etwa auf Schlachtfeldern.

Brandbestattungen

In einigen Kulturen wurden die Toten verbrannt. Die Asche konnte dann in Urnen bestattet werden. In der Spätphase der Bronzezeit zwischen etwa 1300 und 850 vor Christus geschah das häufig; man spricht auch von der Urnenfelderzeit. Ein Urnenfeld kann Hunderte Gräber enthalten. Aus dieser Zeit gibt es deshalb nur wenige Knochenfunde. Auch Brandbestattungen ohne Urnen kamen vor. Sie heißen Brandgrubengräber oder Bustumgräber.

Flach oder hügelig?

Nicht alle Gräber liegen unter der Erde. Es gibt auch Gräber in Felskammern, Höhlen oder Megalithbauten. Viele Kulturen schütteten Hügel über dem Grab wichtiger Personen auf. In Europa kommen Hügelgräber von der Steinzeit bis ins Mittelalter vor. Auch aus Asien, Afrika und Nordamerika sind sie bekannt. Die Toten und

Kopfoperation

In der Steinzeit wurden Kopfoperationen mithilfe von Steinklingen durchgeführt. Häufig haben die Patienten danach noch viele Jahre gelebt.

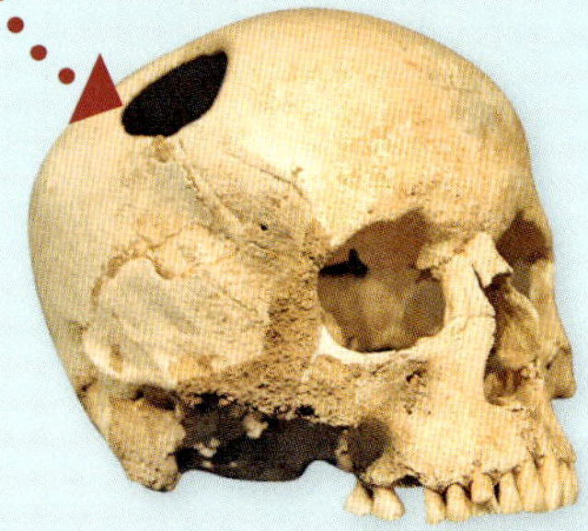

Reiche Ausstattung

Dieses Männergrab der späten Steinzeit aus Varna in Bulgarien enthielt mehr als 1 000 Beigaben, darunter über 980 Objekte aus Gold. Die Lage des Schmucks und der Kleidungsreste gibt einen Einblick in die damalige Mode.

Goldblattkreuz

Ein Zeichen der Christianisierung: Grabbeigabe von Alamannen und Langobarden des 6.–8. Jahrhunderts.

Horusauge

Ein solches Amulett sollte die ägyptischen Toten im Jenseits beschützen.

Schon gewusst?

Bei dieser Frauenmumie aus einem Gräberfeld in Xinjiang am Rande Chinas fand man kleine, weiße Klümpchen. Komplizierte Labortests ergaben: Es handelt sich um den ältesten Nachweis von Käse! Die nahrhafte Grabbeigabe ist 4 000 Jahre alt.

ihre Grabbeigaben liegen meist in einer Kammer aus Holz und Stein. Unter Grabhügeln der Wikinger lagen sogar ganze Schiffe, in denen wichtige Personen bestattet wurden.

Was wissen wir über die Toten?

Durch medizinische Untersuchungsmethoden lässt sich viel über Menschen der Vergangenheit herausfinden. Wir wissen zum Beispiel, wie alt die begrabene Person geworden ist, welche Krankheiten sie hatte, ob sie humpelte oder unter Zahnschmerzen litt. Man kann heute sogar Verletzungen und Todesursachen bestimmen. So gelang es Wissenschaftlern 2001, einen Friedhof im türkischen Ephesos als Gladiatorenfriedhof zu erkennen. Sie konnten genau nachweisen, mit welchen Waffen die Kämpfer verletzt oder getötet wurden. Darüber hinaus stellten sie fest, dass die Gladiatoren sich vorwiegend vegetarisch ernährt hatten.

Mumien von Reich und Arm

Mumien haben die Menschen schon immer in ihren Bann gezogen. Durch verschiedene Mumifizierungstechniken haben sich jahrhundertealte Körper erhalten. Die meisten Mumien und alten Gräber, die wir heute kennen, stammen von wohlhabenden Menschen, etwa ägyptischen Pharaonen.

Daher ist ein Fund in der ägyptischen Oase Charga von großem Interesse: Dort entdeckten Forscher 1981 Hunderte von Mumien. Sie sind über 2 000 Jahre alt und wurden ohne Sarkophag bestattet. Offenbar handelt es sich um einfache Bauern und Arbeiter mit ihren Familien, die nach ihrem Tod mumifiziert und dann in Familiengräbern in Höhlen bestattet wurden.

Mumien in Europa

Auch in Europa gibt es Mumien; in Deutschland etwa im Bremer Dom. In Italien existieren ganze Grabanlagen mit Tausenden von Mumien, etwa die Kapuziner-Katakomben in Palermo. Dort liegen einige Mumien, die von Spezialisten präpariert wurden – aber auch viele, die eher zufällig durch die Lagerung in warmen, trockenen Steinkammern entstanden sind.

Moorleichen

Besonders gut erhalten sind oft Moorleichen. Das gilt zwar nicht für ihre Knochen, aber Haut, Haare und Bekleidung wurden durch das saure Torfmoor konserviert. So können die Archäologen mehr über verschiedene Moden der Vergangenheit erfahren – und der Mageninhalt gibt Aufschluss über die Ernährung.

Wie eine Mumie entsteht

Ägyptische Mumien werden seit dem 19. Jahrhundert erforscht. Daher wissen wir, wie die Einbalsamierung durchgeführt wurde.

1 Als Erstes wird ein Großteil der Organe entnommen – nicht aber das Herz. Schließlich wurde es im Jenseits noch gebraucht! Die alten Ägypter glaubten nämlich, dass der Mensch mit dem Herzen denkt.

2 Die Organe werden in Salzlösung eingelegt und so haltbar gemacht. Man bestattet sie in vasenartigen Gefäßen, Kanopen genannt, zusammen mit der Mumie. Das Gehirn wird nicht konserviert.

3 Der gesamte Körper wird mit Salzlösung behandelt. Über mehrere Wochen wird ihm auf diese Weise Flüssigkeit entzogen. Die Salzlösung wird dann abgewaschen und der Leichnam mit Ölen eingerieben.

4 Nun kommt das Markenzeichen ägyptischer Mumien hinzu: Der komplette Körper wird einbandagiert, also mit Leinenbinden umwickelt. Sie halten ihn für Hunderte von Jahren zusammen.

Vom Schädel zum Gesicht

Die Archäologen haben viele Kollegen, die ihnen dabei helfen, unsere Vergangenheit genauer zu verstehen. Das sind einmal Wissenschaftler aus anderen Fächern, wie etwa der Botanik, der Zoologie oder der Geologie. Hinzu kommen fachkundige Restauratoren, die aus einem rostigen Metallklumpen einen Bronzekessel oder aus einem Haufen von Scherben und Splittern eine Skulptur zaubern. Ein anschauliches Bild von Menschen vergangener Zeiten vermitteln lebensechte Rekonstruktionen. Diese beiden Frauen sind darin wahre Meisterinnen.

Elisabeth Daynès

Wie kam es dazu?

Elisabeth Daynès studierte Malerei und Modellieren. Zunächst arbeitete sie als Maskenbildnerin an einem Theater; dann eröffnete sie eine eigene Bildhauerwerkstatt. Sie experimentierte mit Silikon, Kunstharz, verschiedenen Farbstoffen und Keramik. Ihre ersten Arbeiten für ein Museum waren Figuren steinzeitlicher Menschen. Das hat sie so fasziniert, dass sie sich genauer mit den Menschen der Frühzeit beschäftigte.

Was sie an ihrer Arbeit begeistert

Ihr großes Thema ist die Wiedergabe der menschlichen Haut. Gesichter, die sie gestaltet, wirken absolut echt und lebendig. Zu jedem Schädel kann sie sich ein Gesicht vorstellen – mal freundlich, mal eher grimmig. So ist sie in der Lage, den frühen Menschen ein individuelles Aussehen zu verleihen.

Ihr Lieblingsgesicht

Elisabeth Daynès' Lieblingswerke sind alle Figuren von Neandertalern. Sie hat sie mehrfach dargestellt, für Museen und Ausstellungen in verschiedenen Ländern. Sie mag den Neandertaler, weil er einerseits gut erforscht und andererseits voller Rätsel ist.

Material und Technik

Um naturgetreue Porträts von Urmenschen gestalten zu können, lässt Elisabeth Daynès Abgüsse von Schädeln anfertigen. Ihre Figuren sind aus Ton modelliert; die äußere Schicht besteht aus Silikon. Sie benutzt echte Haare, die sie von Friseuren bekommt, und speziell angefertigte Glasaugen. So gibt sie der Vergangenheit ein Gesicht.

Frühzeitliche Menschen sind lange für primitiv und brutal gehalten worden. Harald Meller, der Direktor des Landesmuseums für Vorgeschichte in Halle, wollte das ändern. Auf seine Idee hin zeigte Elisabeth Daynès einen Neandertaler in Denkerpose – feinfühlig und intelligent.

Wie kam es dazu?

Constanze Niess ist eigentlich Ärztin. Sie hat sich auf Rechtsmedizin spezialisiert, also auf die Untersuchung von lebenden oder toten Körpern nach Straftaten. Durch einen spannenden Vortrag begann sie sich für die Rekonstruktion von Gesichtern zu interessieren. Sie machte verschiedene Kurse und entdeckte dabei ihre Freude am Modellieren von Gesichtern.

Was sie an ihrer Arbeit begeistert

Sie kann kreativ sein und etwas Wichtiges erschaffen. Frau Niess gestaltet eine Art von Kunstwerk, das aber einen direkten Bezug zur Wirklichkeit hat: Sie gibt den Knochen von Menschen ihre Identität zurück.

Ihr Lieblingsgesicht

Ihr Lieblingsgesicht ist immer das der Person, mit der sie sich gerade beschäftigt. Unabhängig davon mag sie den Herrn von Morken besonders gern: die Rekonstruktion eines Merowingers für das LVR-Landesmuseum Bonn.

Material und Technik

Constanze Niess arbeitet mit Plastilin, einer Knetmasse auf Ölbasis. Da Plastilin nicht trocknet, schrumpft es auch nicht. So entstehen keine Risse, wie etwa bei Ton. Außerdem kann man Arbeiten auch mal liegen lassen. Sie benutzt Modellierwerkzeug, Dinge aus dem Bastelladen und Zahnstocher. Alle Arbeitsschritte werden in Fotos dokumentiert. Die Glasaugen stammen aus einem Spezialinstitut.

Der Herr von Morken: Er lebte zur Merowingerzeit im Rheinland und wurde um 600 n. Chr. mit reichen Beigaben bestattet.

Schritte einer Rekonstruktion

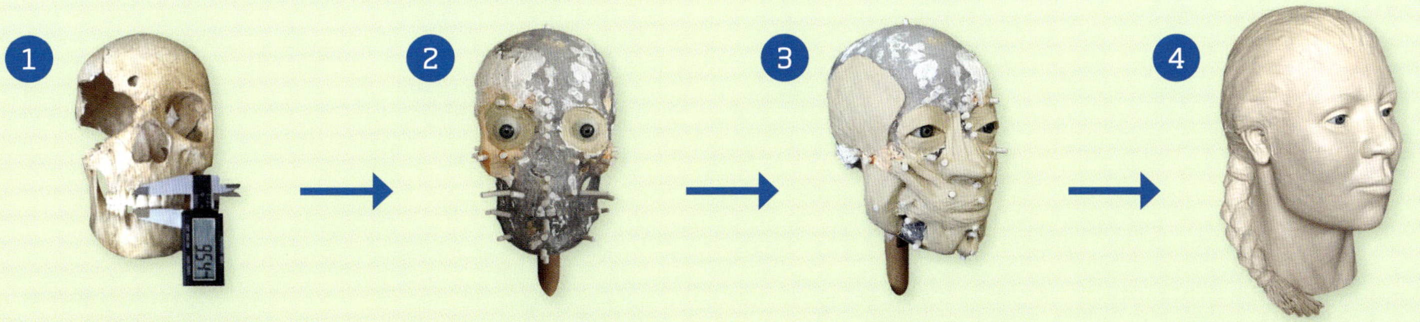

1. *Alles wird genau vermessen. Aus der Höhe der Zähne etwa lässt sich berechnen, wie dick die Lippen waren.*
2. *Ein ausgebesserter Abguss des Schädels bekommt Glasaugen. Stifte markieren weichere Stellen im Gesicht.*
3. *Die Muskeln im Gesicht werden modelliert. Ihre genaue Lage erkennt man am Schädelknochen.*
4. *Über die Muskeln wird die Hautschicht aufgetragen. Dann folgen Hals, Ohren und schließlich die Haare.*

Orte der Götter

Hagar Qim auf Malta: eine über 5 000 Jahre alte Anlage aus vier Tempeln, errichtet aus Riesensteinen. Der schwerste wiegt 20 Tonnen!

In nahezu allen Kulturen schufen die Menschen Orte, an denen sie mit ihren Göttern in Verbindung treten konnten. Viele der heute bekannten Tempel mussten allerdings erst einmal von Archäologen entdeckt oder ergraben werden.

Tempel der Steinzeit

Tempel waren die ersten großen Bauwerke der Menschheit. Sie dienten Festen, Versammlungen und kultischen Handlungen. Was diese ausmachte und wie sie genau abliefen, lässt sich nicht mehr erschließen. Klar ist nur: Die Tempel waren riesengroß und wurden in jahrelanger mühsamer Gemeinschaftsarbeit errichtet. Das früheste Beispiel ist Göbekli Tepe in der heutigen Türkei. Die hoch gelegene Anlage ist über 11 500 Jahre alt und damit über 6 000 Jahre älter als die Kreise von Stonehenge. Auch in Göbekli Tepe gab es Steinkreise aus gewaltigen, T-förmigen Pfeilern – sie waren bis zu fünf Meter hoch! Diese Megalithen sind mit Reliefs von Tieren verziert. Sie zeigen Schlangen, Füchse, Vögel und Wildschweine. Weitere gewaltige Steinzeittempel befinden sich auf den schottischen Orkneyinseln und auf der Mittelmeerinsel Malta.

Was ist eine Zikkurat?

In Mesopotamien errichteten die Sumerer ab 3500 vor Christus große Tempelgebäude, die man Zikkurat nennt. Eine Zikkurat bestand aus mehreren, nach oben hin immer kleiner werdenden Terrassen. Der eigentliche Tempel saß ganz oben, möglichst nahe am Himmel. Auch der Turm von Babylon, von dem in der Bibel berichtet wird, soll eine solche gestufte Zikkurat gewesen sein. Von den Tempeln und Palästen der Sumerer sind heute nur noch Reste erhalten, da sie aus Lehmziegeln errichtet waren – die verwittern viel schneller als Stein.

Göbekli Tepe

Die Pfeiler dieser riesigen Tempelanlage sind mit Tieren verziert. Seit 1994 wird hier intensiv geforscht.

Thatbyinnyu-Tempel

In der Stadt Bagan in Myanmar wurde im 12. Jahrhundert dieser buddhistische Tempel errichtet. Sein Name bedeutet »Allwissenheit des Buddha«.

Griechische Säulenordnungen

1 *Dorisch: schlichte Verzierung oben (Kapitell), ohne Fuß (Basis)*

2 *Ionisch: Kapitell mit seitlichen Schnecken, ausgeprägte Basis*

3 *Korinthisch: detailreiches Kapitell aus Blättern und kleinen Schnecken, ausgeprägte Basis*

Concordiatempel auf Sizilien: Die am besten erhaltenen griechischen Tempel befinden sich nicht in Griechenland selbst, sondern in den ehemaligen Kolonien.

Pyramiden

Die ägyptischen Pyramiden entstanden etwa zwischen 2700 und 2200 vor Christus. Sie waren Grabmonumente in der Form einer steinernen Himmelsleiter: Über sie sollten verstorbene Herrscher leichter zu den Göttern aufsteigen können. Das war ein Zeichen ungeheurer Macht. Die Cheopspyramide war ursprünglich 146 Meter hoch. Mindestens 20 000 Arbeiter mussten etwa 20 Jahre dafür schuften. Bis heute staunen Forscher über die Genauigkeit, mit der die Pyramiden errichtet wurden.

Tempel der Griechen und Römer

Die Griechen hatten eine vielfältige Götterwelt und errichteten verschiedene Tempelbauten. Im 6. und 5. Jahrhundert vor Christus entwickelten sie den klassischen griechischen Tempel, ein Gebäude aus Säulen und Gebälk. Er war jahrhundertelang Vorbild für die europäische Architektur. Auch die Römer orientierten sich mit ihren Tempelbauten ab dem 5. Jahrhundert vor Christus am griechischen Tempel, etwa mit der Fassade des Pantheon in Rom.

Schon gewusst?

Ein wichtiges Element der griechischen Tempel waren Skulpturen von Göttern, Helden und Fabelwesen. Lange dachte man, sie seien schneeweiß wie Marmor gewesen. Heute weiß man aufgrund von Farbresten, dass sie farbig bemalt waren.

Pyramidenbau

Wie genau die Ägypter es geschafft haben, die riesigen Pyramiden zu errichten, ist bis heute unklar. Vermutlich konstruierten die Baumeister Rampen, auf denen die tonnenschweren Felsblöcke mithilfe von Schlitten nach oben gezogen wurden. Das war wahre Schwerstarbeit!

Schätze

Archäologen sind keine Schatzsucher auf der Jagd nach Gold und Edelsteinen. Je nachdem, wofür sie sich besonders interessieren, können auch Tonscherben oder Holzreste ein Schatz sein. Dennoch sind Gold- und Silberfunde immer etwas ganz Besonderes.

Hort und Schatz

Streng genommen lassen sich drei Arten von wertvollen Metallfunden unterscheiden: Grabbeigaben, Horte und Schätze. Ein Hortfund liegt dann vor, wenn die gefundenen Gegenstände nicht zu einem Grab gehören und ursprünglich im Boden bleiben sollten – als Gabe an die Götter. Das ist etwa bei der Himmelsscheibe von Nebra der Fall. Schätze hingegen wurden meist vergraben, um wertvolle Dinge zu verstecken und so in Sicherheit zu bringen. Später sollten sie wieder hervorgeholt und benutzt werden.

Wie alt ist der Fund?

Enthält ein Fund auch Münzen, freuen sich die Archäologen. Denn die Geldstücke können dabei helfen, das Alter eines Fundes zu bestimmen. Weil sie immer eine Inschrift tragen, lassen sie sich ziemlich gut einer Zeit oder sogar einem bestimmten Jahr zuordnen. Es gilt: Ein Fund ist immer jünger als die jüngste in ihm enthaltene Münze.

Unglaublich!

2016 fanden Kinder in Niederbayern beim Spielen im Wald einen vergrabenen Goldschatz. Sie brachten ihn zur Polizei – er war 250 000 Euro wert! Inzwischen ist sein Besitzer ermittelt worden; die Kinder erhielten einen Finderlohn.

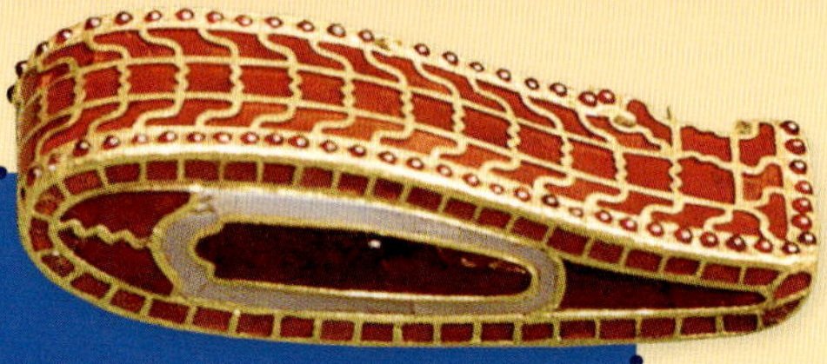

Goldschatz der Merowinger

Im belgischen Tournai stieß 1653 ein Bauarbeiter auf ein Grab. Neben Knochen enthielt es über 300 Münzen aus Gold und Silber, Goldschmuck und Waffen, die wiederum zum Teil mit Gold geschmückt waren. Es barg zudem eine Kugel aus Bergkristall und einen goldenen Siegelring. Auf diesem war das Bild eines Mannes mit Lanze sowie die Umschrift »Childerici regis« eingraviert. Für die Archäologen war klar: Es handelte sich um den Merowinger Childerich I., den ersten christlichen König des Frankenreichs aus dem 6. Jahrhundert. Die Münzen unterstützen dies. Sie stammen zum Großteil aus dem 5. Jahrhundert nach Christus. Zum Glück wurde der Fund gründlich dokumentiert, denn 1831 wurde er gestohlen und eingeschmolzen.

Dieser Schwertgriff besteht aus Silber und Almandinen, auch Granat genannt.

Trinkgefäß aus purem Gold in der Form eines Hirschkopfes: Dieses und weitere acht Goldgefäße wurden 1949 in Panagjurischte in Bulgarien gefunden. Der Schatz stammt aus der Zeit um 300 vor Christus.

Sophia Schliemann führt die schönsten Schmuckstücke vor.

Der Schatz des Priamos

Er ist einer der berühmtesten Schatzfunde überhaupt. Heinrich Schliemann entdeckte bei seinen Grabungen in Troja 1873 ein großes Gefäß aus Kupfer, das nahe einer Mauer vergraben war. Darin und dahinter fand er über 8 000 Gegenstände aus Gold, Silber und Kupfer: Vasen, Kelche, Messerscheiden, Ketten, Ohrschmuck, Armreife, Diademe, Ringe und Knöpfe. Schliemanns Ansicht nach musste dieser Schatz dem legendären letzten König von Troja namens Priamos gehört haben. Die Stücke wurden jedoch später auf 2500 vor Christus datiert. Sie stammen also aus der Zeit gut 1 000 Jahre vor Priamos' Herrschaft.

Schon gewusst?

Das Volk der Muisca im heutigen Kolumbien erzählte die Legende von El Dorado, dem »vergoldeten Mann«: Jeder neue Herrscher sei mit Goldstaub bedeckt worden und dann nachts mit einem Floß über den See Guatavita gerudert. Dort habe er viele Gegenstände aus Gold im See versenkt. Daraus entstand die Vorstellung von Südamerika als Goldland. Doch die spanischen Eroberer suchten vergeblich nach Schätzen im See Guatavita und andernorts.

Ein Beweis dafür, dass es El Dorado doch gegeben hat? Dieses 19 cm lange Goldfloß wurde 1969 in der Nähe des Guatavita-Sees entdeckt.

Schatz unter Wasser

1985 entdeckte ein Schatzsucher vor der Küste Floridas das Wrack des spanischen Schiffes »Nuestra Señora de Atocha«. Es gehörte im 17. Jahrhundert zur spanischen Silberflotte, die zweimal jährlich große Mengen an Silber, Gold und Perlen aus den Kolonien in Südamerika nach Spanien transportierte. 1622 geriet eine Gruppe von 28 Schiffen in einen Hurrikan; die »Nuestra Señora de Atocha« sank mit über 250 Menschen und unermesslichen Schätzen an Bord. Darunter befanden sich neben 24 Tonnen Silber auch Kupfer- und Goldbarren, Tabak sowie Gold- und Silberschmiedearbeiten. Ein besonders schönes Fundstück ist dieses Goldkreuz mit Smaragden aus Kolumbien.

Schätze der Bronzezeit

Als wichtiger Schatz der Bronzezeit gilt der Fund, der 1913 in Eberswalde in Brandenburg gemacht wurde. Er besteht aus goldenen Schalen, Halsringen und verschiedenem Schmuck. All dies war in einem Tontopf geborgen und wurde um 900 vor Christus vergraben. Ein weiterer bronzezeitlicher Goldschatz wurde 2011 beim Bau einer Erdgaspipeline in der Nähe von Bremen entdeckt: Der sogenannte Hort von Gessel enthielt 117 Schmuckstücke und dürfte um 1300 vor Christus vergraben worden sein, möglicherweise von einem Händler. Darauf weisen nur halb fertiggestellte Armreifen hin.

Erfurter Silberschatz

Im thüringischen Erfurt wurde 1998 ein bedeutender Silberschatz aus dem Mittelalter entdeckt. Er umfasste über 3000 Münzen und 14 runde Silberbarren, zudem zahlreiche Schmuckstücke, Gefäße und Verzierungen für Kleidung. Insgesamt wog er über 24 Kilogramm! Vermutlich steckt eine traurige Geschichte hinter diesem Schatz: Er wurde im jüdischen Viertel Erfurts gefunden und stammt aus der Mitte des 14. Jahrhunderts nach Christus. 1349 fanden in Erfurt schlimme Judenverfolgungen statt. Möglicherweise vergruben die Verfolgten ihr Hab und Gut, um es später wiederzuholen.

Papyrusrolle
Ägyptische Totenbücher enthalten Zaubersprüche und Bilder. Hier wird das Herz eines Toten gewogen; dann wird er zum Gott Osiris geführt.

Rosette-Stein
Er trägt den gleichen Text in ägyptischen Hieroglyphen, Demotisch und Griechisch. So konnten die Hieroglyphen entschlüsselt werden.

Schrift und Zeichen

Über Zehntausende von Jahren hinweg konnten Menschen einander nur etwas mitteilen, indem sie es erzählten. Mit der Erfindung der Schrift änderte sich das: Nun war es möglich, Ereignisse, Gedanken und Erfahrungen festzuhalten und an andere weiterzugeben. Ein riesiger Schritt in der Geschichte der Menschheit!

Zeichen in Ton

Die Anfänge der Schrift sind 5 300 Jahre alt: Um 3300 vor Christus wurde in Mesopotamien die Keilschrift entwickelt. Sie besteht aus keilförmigen Zeichen, die mit einem Griffel – etwa aus Schilfrohr – in frische Tontäfelchen gedrückt wurden. Von den Sumerern übernahmen auch andere Völker diese Schrift; sie war fast 3 000 Jahre lang in verschiedenen Sprachen in Gebrauch.

Zunächst diente die Keilschrift nur für Inschriften sowie kurze Texte wie Gewichtsangaben und Besitzvermerke. Dann wurden ganze Geschichten auf Tontäfelchen aufgeschrieben.

Bilder und Symbole

Im alten Ägypten gab es keine abstrakten Zeichen. Stattdessen dienten Bilder dazu, Informationen zu vermitteln. Durch Kombination bestimmter Bilder entstanden die Hieroglyphen, eine Schrift, die aus festgelegten, oft farbigen Symbolen besteht. Sie wurde für die Verwaltung und Buchhaltung verwendet, aber auch im religiösen Bereich eingesetzt. In Grabkammern berichten Hieroglyphen vom Leben des Verstorbenen und dem Wirken der Götter. Ähnlich funktioniert die um 1200 vor Christus in China entwickelte und bis heute gebräuchliche Schrift; auch hier werden Worte durch Symbole ausgedrückt.

Rätsel gelöst!

Keilschrift und Hieroglyphen gerieten in den ersten Jahrhunderten nach Christus außer Gebrauch. Niemand konnte sie mehr lesen. Später bemühten sich europäische Gelehrte um ihre Entzifferung. Bei den

Rollsiegel
In einen Zylinder aus Stein schnitzten die Sumerer Zeichen und Bilder. Abgerollt in feuchtem Ton, entstanden Täfelchen zur Kennzeichnung von Besitz.

Funny Fact

Aliens in Südamerika?

Eine ungewöhnliche Erklärung für die Entstehung der Nazca-Linien lieferte der Autor Erich von Däniken: Er sah sie als Landebahnen außerirdischer Astronauten an.

Bilder im Boden

Geoglyphen oder Nazca-Linien nennt man die riesigen Bilder, die südamerikanische Ureinwohner vor über 2000 Jahren in den Boden scharrten. Sie bestehen aus exakt geführten, geraden Linien, die bis zu 20 Kilometer lang sind! Niemand weiß, wie die Nazca das geschafft haben. Denn die großen Scharrbilder sind nur aus der Luft erkennbar.

Hieroglyphen gelang dies 1822 dem Franzosen Jean-François Champollion. Grundlage dafür war der 1799 gefundene Rosette-Stein, ein Pfeiler mit einer Inschrift in drei Sprachen. Die Keilschrift konnte 1851 auf ähnliche Weise entziffert werden. Hier half die dreisprachige Behistun-Inschrift, die in einen Felsen im Iran eingemeißelt wurde.

Wer erfand das erste Alphabet?

Die ersten Alphabete mit Zeichen für einzelne Laute sind um 1200 vor Christus bei den Semiten im Nahen Osten nachgewiesen. Die Phönizier kannten um 1000 vor Christus ein Alphabet, aus dem wenig später zuerst das griechische und dann das lateinische Alphabet hervorgingen. Andere Alphabete folgten, etwa die hebräische, arabische, kyrillische, indische oder koreanische Schrift.

Vom Ton zum Papier

Tontafeln waren nicht nur günstig zu beschaffen, sondern auch unempfindlich gegenüber Feuchtigkeit und sogar Feuer. Aber sie waren auch umständlich, wogen schwer und konnten zerbrechen. Deshalb schrieben die Menschen im Alten Orient hin und wieder auf Leder. Um 3000 vor Christus erprobten die Ägypter die Herstellung von Blättern aus gepressten Papyruspflanzen. Für lange Zeit war Papyrus der wichtigste Beschreibstoff. Die Römer ritzten Texte in Wachstäfelchen und schrieben Briefe mit Tinte auf dünne Holztäfelchen. Später wurde aus Tierhäuten Pergament hergestellt, ein haltbares Material, das im Mittelalter wichtig war. Das Papier wurde dann im 2. Jahrhundert vor Christus in China erfunden. In Europa wurde es jedoch erst im 11. Jahrhundert bekannt.

Runenstein

Die Wikinger, im Mittelalter in Nordeuropa zu Hause, benutzten Runen als Schriftzeichen. Inschriften auf Runensteinen erinnern an verstorbene Menschen oder Abenteuerfahrten.

Mayaschrift

Die komplizierten Hieroglyphen der Maya wurden in Stein gemeißelt oder in Holz geschnitzt. Sie beziehen sich auf den Kalender, erzählen von Schlachten oder Taten der Herrscher.

Auf und unter Wasser

Seit der Steinzeit bauen die Menschen Boote und Flöße, um Gewässer zu befahren. Klar, dass viele davon untergegangen sind. Interessant für Archäologen: Die Bauart, technische Ausstattung und Ladung der Boote verraten viel über die Zeit, aus der sie stammen. Und manche von ihnen enthalten sogar einen Schatz.

»Titanic«-Funde

Aus dem Wrack des berühmten, 1912 gesunkenen Dampfers konnten Taucher persönliche Gegenstände der Passagiere bergen, sogar Taschenuhren und Papiere.

Unterwasserarchäologie

Unterwasserarchäologen erforschen Bauwerke, Schiffe und Gegenstände, die sich im Wasser erhalten haben. Das können die sogenannten Pfahlbauten an Seen der Schweiz und Süddeutschlands sein, steinzeitliche Siedlungen vor der dänischen Insel Fünen oder Reste antiker Städte. Natürlich gehören auch die vielen gesunkenen Schiffe und ihre Ladungen dazu. Dabei wird aber nicht nur getaucht. Die Archäologen sind auch in Gummistiefeln unterwegs und untersuchen flache Gewässer.

Schiffe der Wikinger

Lange waren Wikingerschiffe nur aus Schiffsgräbern bekannt, etwa aus den norwegischen Orten Oseberg und Gokstad. Seit den 1960er-Jahren werden aber immer wieder Wracks von Wikingerschiffen auf dem Meeresgrund entdeckt. Besonders wichtig sind die Funde im dänischen Roskilde und in Haithabu in Schleswig-Holstein. Diese Schiffe sind etwa 1000 Jahre alt! Einige wurden in jahrelanger Arbeit restauriert und informieren nun eindrucksvoll über die Schiffsbaukunst der Nordmänner.

Wikingerschiff

Um ein solches Schiff detailgetreu nachzubauen und dann auch noch zu segeln, braucht es viel Forschung, Erfahrung und Mut.

Schiff von Uluburun

Das Handelsschiff der Bronzezeit wurde in Originalgröße mitsamt seiner reichen Ladung nachgebaut. Zu bestaunen ist es im Museum für Unterwasserarchäologie im türkischen Bodrum.

Fernhandel der Bronzezeit

An der türkischen Südwestküste wurde 1982 ein über 3000 Jahre altes Wrack entdeckt. Es ist eines von wenigen erhaltenen Schiffen aus der Bronzezeit. In dem Wrack fanden Archäologen Objekte aus verschiedenen Ländern, etwa aus Mykene, Israel, Zypern, Ägypten, Mesopotamien und Afrika. Darunter waren Metallbarren, Gefäße aus Keramik, Glas, Waffen, Werkzeuge, Schmuck aus Bernstein, Gold und Silber sowie Stücke von Elfenbein. Noch nie hatten Archäologen ein so anschauliches Bild davon, über welche Entfernungen und mit welchen Waren die Menschen der Bronzezeit Handel trieben.

Die »Vasa«

Neuere Forschungen haben erwiesen, dass das prächtige Kriegsschiff einst farbig bemalt war. In Stockholm sind das Original und ein farbiges Modell zu sehen.